지극히
영어적인   문학의 문장들

지극히　　　영어적인　　　문학의 문장들
Contemporary English Literature

오석태 큐레이션, 번역, 해설

사람in

일러두기
1. 발췌한 원서의 출판 정보는 엮은이가 소장한 책의 판권을 기준으로 작성하였습니다.
2. 국내에 출간된 번역서가 있는 경우 최신판 및 개정판의 정보를 실었습니다.
3. 국내 미출간물의 경우 엮은이가 제목을 우리말로 번역하였습니다. 추후 국내 번역서가 출간된다면 그에 맞게 수정하겠습니다.

I'll tell you … what real love is.

진정한 사랑이 무엇인지 내가 말해주지.

_찰스 디킨스《위대한 유산》

CONTENTS

001 헤스터 브라운 The Finishing Touches 마무리 손질
be firm but not tight

002 다니엘 스틸 In His Father's Footsteps 아버지의 발자취
not believing in limitations

003 크리스틴 해나 True Colors 본색
had a beginning but no real end

004 브리트니 채리 The Mixtape 믹스테이프
people lived on the surface level

005 리브 콘스탄틴 The Last Mrs. Parrish 마지막 패리시 부인
your brain takes a vacation

006 댄 브라운 Origin 오리진
be the engine of change

007 콜린 후버 It Ends with Us 우리가 끝이야
into lessons rather than excuses

008 데이비드 길버트 And Sons 아버지와 아들
a groundless shadow

009 메리언 키스 This Charming Man 매력남
couldn't endure the rejection

010 리안 모리아티 Truly Madly Guilty 정말 지독한 오후
rudimentary, primitive version of yourself

011 테리 맥밀런 Who Asked You? 누가 물어봤어?
there's still time to make a U-turn

012 콜린 후버 It Starts with Us 우리가 시작이야
it's an entirely different kind of anger

013 조조 모예스 The Last Letter from Your Lover 더 라스트 레터
it would consume me

014 니콜라스 스파크스 The Wish 위시
it dawned on me

015 헤스터 브라운 The Honeymoon Hotel 허니문 호텔
focus on who you are now

016 제니퍼 와이너 Big Summer 빅 서머
everything looks like a nail

(017) 찰스 디킨스 Great Expectations 위대한 유산
trust and belief against yourself

(018) 톰 클랜시 The Hunt for Red October 붉은 10월 호
the foundation of human dignity and individual value

(019) 리브 콘스탄틴 The Next Mrs. Parrish 그다음 패리시 부인
be undergirded with patience

(020) 줄리 코헨 Dear Thing 디어 싱
the hurting is natural

(021) 수잔 콜린스 Mockingjay 모킹제이
rethink it and come up with the right opinion

(022) 델리아 오언스 Where the Crawdads Sing 가재가 노래하는 곳
the definition of a real man

(023) 댄 브라운 Inferno 인페르노
written in the vernacular

(024) 니콜라스 스파크스 The Return 리턴
like your shadow on a sunny day

(025) 설레스트 잉 Everything I Never Told You 내가 너에게 절대로 말하지 않는 것들
nothing left but you, alone

(026) 테리 맥밀런 A Day Late and a Dollar Short 이미 지난 일
common sense is something you can't teach

(027) 테리 맥밀런 Getting to Happy 행복으로의 여정
happiness is a feeling of calm that comes from inside

(028) 니콜라스 스파크스 The Last Song 라스트 송
make the whole thing worthwhile

(029) 조디 피코 Leaving Time 코끼리의 무덤은 없다
eventually you stop getting close enough

(030) 린제이 제인 애시포드 The Woman on the Orient Express 오리엔트 특급 열차 위의 여인
the place and time that the tide will turn

(031) 존 그리샴 Gray Mountain 잿빛 음모
get a good lawyer involved

(032) 더글라스 케네디 The Big Picture 빅 픽처
you're going to wind up losing it all

(033) E.L. 제임스 Fifty Shades of Grey 그레이의 50가지 그림자
they are simple, literal creatures

(034) 리안 모리아티 Big Little Lies 커져버린 사소한 거짓말
eyes fixed on the mobile phones

(035) 폴라 폭스 Desperate Characters 절망적인 사람들
in the efficacy of words

(036) 다니엘 스틸 Southern Lights 고향의 불빛
all that agony and hurt is still alive

(037) 리 차일드 Nothing to Lose 잃을 게 없다
the imagination engine in the right brain

(038) 메건 퀸 He's Not My Type 내 타입 아니야
this girl has me all twisted up inside

(039) 줄리언 반스 The Only Story 연애의 기억
most of us have only one story to tell

(040) 캐럴라인 케프니스 You 무니의 희귀본과 중고책 서점
so large that a bird thinks it can fly

(041) 루시 스코어 Things We Hide from the Light 가려진 진실
it's actually the purest form of strength

(042) 아미스테드 모핀 Tales of the City 테일 오브 더 시티
who cares enough to send the very best

(043) 크리스틴 해나 Firefly Lane 파이어플라이 레인
when the chips were down, they were there

(044) 조조 모예스 The Horse Dancer 호스 댄서
reilluminate a spark of confidence

(045) 더글라스 케네디 State of the Union 위기의 부부
never be satisfied with our own reality

(046) 스티븐 킹 Different Seasons 사계
words shrink things that seemed limitless

(047) 미란다 카울리 헬러 The Paper Palace 페이퍼 팰리스
what does letting go mean?

(048) 조조 모예스 Still Me 스틸 미
books teach you empathy

(049) 데이비드 미첼 Ghostwritten 유령이 쓴 책
for the well-being of the forgiver

(050) 시드니 셀던 Tell Me Your Dreams 텔미 유어 드림
completely unaware of her looks

051 크리스틴 해나 The Things We Do for Love 사랑을 위하여
there's a scar, a memory, but it fades

052 니콜라스 스파크스 A Bend in the Road 굽은 길
fate intersects with our daily lives

053 리안 모리아티 Nine Perfect Strangers 아홉 명의 완벽한 타인들
with a lightning stroke of good or bad luck

054 크리스틴 해나 Winter Garden 윈터 가든
we bear what we must

055 존 그리샴 Sycamore Row 속죄나무
we're supposed to forgive, always

056 시드니 셸던 Are You Afraid of the Dark? 어두울 때는 덫을 놓지 않는다
have no access to modern methods

057 캔디스 부시넬 The Carrie Diaries 캐리 다이어리
don't sweat the small stuff

058 바바라 오닐 The Lost Girls of Devon 데번의 여인들
handle big things without booze or drugs

059 조조 모예스 Me Before You 미 비포 유
go your way almost instantaneously

060 니콜라스 스파크스 Two by Two 투 바이 투
age doesn't guarantee wisdom

061 메리언 키스 Grown Ups 중년의 위기
you never knew what was coming down the tracks

062 댄 브라운 The Da Vinci Code 다빈치 코드
what is history, but a fable agreed upon?

063 크리스틴 해나 The Great Alone 나의 아름다운 고독
how it was a shiny lure for the unwary

064 더글라스 케네디 Leaving the World 리빙 더 월드
we're all just passing through

065 매튜 토마스 We Are Not Ourselves 나답지 않은 삶
the world seems full of giants who dwarf you

066 조조 모예스 One Plus One 원 플러스 원
the muddy blue of the endless sea

067 제니 한 To All the Boys I've Loved Before 내가 사랑했던 모든 남자들에게
love is scary: it changes; it can go away

068 루시 사이크스 The Knockoff 휴 그랜트도 모르면서
so desperate to share everything

069 리안 모리아티 The Hypnotist's Love Story 당신이 내게 최면을 걸었나요?
inhale her, to gobble her up

070 스티븐 킹 If It Bleeds 피가 흐르는 곳에
we don't own things; things own us

071 로렌 와이스버거 The Devil Wears Prada 악마는 프라다를 입는다
nothing short of imperative

072 오드리 니페네거 The Time Traveler's Wife 시간 여행자의 아내
it is as meaningless as air

073 니콜라스 스파크스 See Me 나를 봐
everyone has his own definition

074 폴라 호킨스 The Girl on the Train 걸 온 더 트레인
so much daylight, so little cover of darkness

075 마이클 코넬리 The Gods of Guilt 배심원단
the gods of guilt are many

076 리 차일드 Killing Floor 추적자
when the unexpected gets dumped on you

077 매트 헤이그 The Midnight Library 미드나잇 라이브러리
embrace that you-ness

078 크리스틴 해나 Home Front 홈 프론트
here they were after everything, together

079 조디 피코 Sing You Home 싱 유 홈
your insides freeze solid

080 프레드릭 배크만 A Man Called Ove 오베라는 남자
we are always optimists when it comes to time

081 안드레 애치먼 Call Me by Your Name 콜 미 바이 유어 네임
remind me to light a candle in thanksgiving

082 더글라스 케네디 The Woman in the Fifth 파리 5구의 여인
the desperate sadness that colors all perception

083 R.F. 쿠앙 Yellowface 옐로페이스
we have one of those skin-deep friendships

084 채비 스티븐스 Still Missing 스틸 미싱
stupid enough to believe in sunshine and roses

085 마이클 코넬리 The Black Echo 블랙 에코
that was the right company

086 크리스틴 해나 The Nightingale 나이팅게일
the value of forgetting, the lure of reinvention

087 도나 타트 The Goldfinch 황금방울새
it's all temporary. death in life

088 존 그리샴 Sooley 술리
it's just part of the business

089 테리 맥밀런 The Interruption of Everything 나는 누구인가?
having multiple and even simultaneous careers

090 크리스틴 해나 The Four Winds 사방에 부는 바람
in the worst of times, a salvation

091 마이클 코넬리 Trunk Music 트렁크 뮤직
chip away everything that doesn't count

092 리안 모리아티 The Last Anniversary 마지막 기념일
you've just got to grit your teeth

093 리 차일드 The Enemy 적
what a completely weird thing it is

094 캐롤라인 리비트 Is This Tomorrow 무너진 내일
it's easy to love someone when things are good

095 애덤 실베라 They Both Die at the End 두 사람 다 죽는다
death is the destination we all share

096 존 그리샴 The Firm 그래서 그들은 바다로 갔다
I'll fix it myself

097 마이클 코넬리 The Lincoln Lawyer 링컨 차를 타는 변호사
for no easily explainable reason

098 마이클 코넬리 The Reversal 파기환송
using the threat of the death penalty as an edge

099 파울로 코엘료 The Alchemist 연금술사
life is the moment we're living right now

100 니콜라스 스파크스 The Notebook 노트북
silence is pure. silence is holy

101 크리스틴 해나 Night Road 나이트 로드
the possibility of being herself again

(102) 프레야 샘슨 The Last Library 마지막 도서관
libraries aren't just about books

(103) 콜린 후버 Reminders of Him 리마인더스 오브 힘
just substantial enough to keep us going

(104) 엠마 도노휴 Room 룸
need it to keep us going, like gas in the car

(105) 스티븐 킹 11/22/63
linger there, reluctant to take either way

(106) 샐리 쏜 The Hating Game 헤이팅 게임
love and hate are visceral

(107) 다니엘 스틸 Special Delivery 중년의 사랑
if they can't, let them deal with it

(108) 캐서린 월시 Snowed In 스노우드 인
and every day in between

(109) 리브 콘스탄틴 The Wife Stalker 와이프 스토커
true connection arises out of mutual respect and benefit

(110) 데이비드 니콜스 One Day 원 데이
love and be loved, if you ever get the chance

(111) 실비아 데이 Reflected in You 크로스파이어 중독
I won't survive you. I'm obsessed with you. addicted to you

(112) 르네 로젠 Fifth Avenue Glamour Girl 5번가의 야망
we become the people we think we are

(113) 마이클 크라이튼 Prey 먹이
responded to a few simple stimuli

Contemporary English Literature

001
헤스터 브라운 The Finishing Touches 마무리 손질

A good handshake should be firm but not tight, with three shakes up and down, hinging at the elbow, and plenty of eye contact.

좋은 악수는 단단하면서도 꽉 조이지 않아야 한다. 팔꿈치를 축으로, 위아래로 세 번 움직이며 눈을 충분히 맞춰야 한다.

* * *

상대에게 좋은 인상을 남기는 방법은 무엇일까? 디테일이다. 첫인상은 디테일에서 결정된다. 상대에게 신뢰를 주면서 여유가 있는 악수 firm but not tight 같은 작은 동작에서도 그 사람의 인품과 품격이 드러난다.

---

firm 단단한, 확고한 | tight 꽉 조이는 | up and down 위아래로 | hinge at ~를 축으로 움직이다 | elbow 팔꿈치 | plenty of 많은, 충분한 | eye contact 눈 맞춤

be firm but not tight

헤스터 브라운Hester Browne은 로맨틱 코미디 소설로 유명한 영국 작가이다. 재치 있고 유머러스한 문체로 많은 사랑을 받고 있으며, 독립적이고 강한 여성 주인공들의 사랑과 개인적인 성장을 주로 이야기한다. 《The Finishing Touches국내 미출간》는 2009년에 발표된 작품으로, 주인공 벳시 톨리모어를 따라 이야기가 전개된다.

벳시는 아기 때 톨리모어 아카데미라는 명문 예비신부학교finishing school: 에티켓을 가르치는 학교의 문 앞에 버려졌고, 학교의 창립자인 톨리모어 경과 부인에게 입양되어 자랐다. 벳시는 예절, 태도 등에 대해서 완벽히 교육받지만, 학교의 화려한 학생들과 자신은 어울리지 않는다고 생각한다. 몇 년 후 학교는 쇠퇴하여 폐교 직전까지 몰리고, 벳시는 학교를 되살리기로 마음먹는다.

The Finishing Touches, Hester Browne, Quercus, 2017

다니엘 스틸 In His Father's Footsteps 아버지의 발자취

The secret to life was not believing in limitations. If you believed in yourself, you could do whatever you wanted and accomplish whatever you dreamed.

인생의 비밀은 한계를 믿지 않는 것이었다. 자기 자신을 신뢰한다면 원하는 건 무엇이든 할 수 있고 꿈꾸는 모든 것을 이룰 수 있었다.

* * *

스스로 내린 한계believing in limitations, 또는 사회적 통념으로 인한 한계, 그런 한계들 앞에서 무너지면 안 된다. 한계는 심리적인 것이다. 능력에 더해서 자기 확신과 끈기만 있다면 무엇이든 이룰 수 있다.

believe in ~의 존재를 믿다, ~를 신뢰하다 | limitation 한계, 제한 | whatever you wanted 원했던 것은 무엇이든지 | accomplish ~를 성취하다

not believing in limitations

다니엘 스틸Danielle Steel은 로맨스 소설과 가족 드라마로 유명한 미국 작가로, 140권 이상의 소설을 집필하였다. 《In His Father's Footsteps국내 미출간》는 2018년에 발표된 역사 소설로, 두 세대에 걸친 가족의 삶과 고난, 성공과 희망을 다루고 있다.

이야기는 1945년 독일의 나치 강제 수용소에서 시작된다. 유대인 생존자 제이콥과 엠마뉴엘은 전쟁 이후 자유를 얻고 미국으로 이주한다. 둘은 고통스러운 과거를 뒤로 하고 뉴욕에서 새로운 삶을 시작하며 결혼하고 가정을 이룬다. 제이콥은 성공한 사업가가 되지만, 과거의 공포가 쉽게 사라지지 않는다.

In His Father's Footsteps, Danielle Steel, Dell, 2018

003

크리스틴 해나 True Colors 본색

If there was one truth she knew to her bones, it was that loss, like love, had a beginning but no real end.

그녀가 뼛속까지 아는 진실이 있었다면, 그것은 상실도 사랑처럼 시작은 있지만 진정한 끝은 없다는 것이었다.

* * *

경험을 통해 뼛속까지 체화된 진실. 사랑과 상실 두 가지 서로 다른 감정의 비교, 시작과 끝의 연결. 지극히 문학적 표현 방법이다. 상실의 감정은 살아 있고 끝없이 no real end 이야기 속에 머문다는 표현도 인상적이다.

to one's bones 뼛속까지 | loss 상실 | beginning 시작 | real end 진정한 끝

had a beginning but no real end

크리스틴 해나Kristin Hannah는 미국 작가로, 역사적 배경과 연결해 사랑과 희망에 관한 이야기를 풀어내는 능력이 탁월하다. 2009년 발표된《True Colors국내 미출간》는 그레이 가의 자매들인 위노나, 오로라, 비비 앤을 중심으로 한 가족 드라마로, 사랑과 배신, 용서, 자매 간의 유대 등을 다룬다.
이야기는 자매들의 어머니가 세상을 떠나면서 시작된다. 아버지는 자매들에게서 점점 멀어지고, 맏딸인 위노나가 가족을 돌보는 역할을 맡는다. 위노나는 야심이 있지만 자기 외모와 아버지의 무관심에 대한 열등감으로 고통스럽다. 둘째인 오로라는 가족의 평화를 유지하려 노력하는 중재자 역할을 한다. 막내인 비비 앤은 예쁘고 매력적이며 아버지의 사랑을 한 몸에 받는다. 이 세 자매가 성장하면서 갈등이 생기는데, 특히 비비 앤이 농장의 노동자인 댈러스 레인트리와 사랑에 빠지면서 문제가 커진다. 위노나 역시 댈러스에게 비밀스럽게 사랑을 느끼고 있었기 때문이다.

True Colors, Kristin Hannah, St. Martin's Press, 2010

004
브리트니 체리 The Mixtape 믹스테잎

Unfortunately, we lived in a world where going deep wasn't very common anymore. People lived on the surface level, showcasing the happy highlights of themselves.

불행히도 우리는 깊이 있게 생각하고 서로를 이해하려는 시도가 더 이상 아주 일반적이지는 않은 세상에 살고 있었다. 사람들은 자신의 행복한 부분들만 드러내며 피상적으로 살고 있었다.

* * *

지금의 우리들은 겉보기에만 좋은 피상적 삶the surface level을 살고 있진 않은지. 내면의 진실보다는 겉으로 보이는 화려함에 취해서 서로를 이해하는 진정한 교감은 사라진 게 아닌지.

unfortunately 불행히도 | go deep 깊이 있게 생각하거나 이해하고 본질을 탐구하려 하다 | not anymore 더 이상 ~가 아닌 | common 흔한, 보통의 | surface level 피상적인 수준 | showcase 전시하듯 보여주다 | highlight 가장 좋은 부분

people lived on the surface level

《The Mixtape 국내 미출간》은 미국 작가 브리트니 체리Brittainy Cherry가 2021년에 발표한 소설이다. 브리트니 체리의 작품은 캐릭터들 간의 깊은 감정적 교류와 시적인 문체로 유명하며, 주로 슬픔, 트라우마, 가족 관계와 같은 주제를 다룬다. 이 작품은 상실과 치유, 사랑을 다룬 로맨스 소설로, 각기 다른 상처를 안고 살던 올리버와 에머리가 서로를 통해 치유되는 과정을 중심으로 전개된다.

올리버는 유명한 음악가이지만 쌍둥이 형제의 죽음을 겪고 세상으로부터 고립된 채로 존재와 음악에 대해 깊은 회의에 빠진다. 에머리는 싱글 맘으로 힘겹게 생계를 꾸려가고 있다. 그녀와 올리버는 우연히 만나 서로에게 위안이 되어준다. 서로에게 건네는 믹스테이프를 통해 감정을 나누면서 그들의 관계는 점점 깊어진다.

*mixtape: 다양한 곡들을 녹음해서 만든 테이프

The Mixtape, Brittainy Cherry, Montlake, 2021

리브 콘스탄틴 The Last Mrs. Parrish 마지막 패리시 부인

Dating as a means to getting to know someone is highly overrated. When your hormones are raging and the attraction is magnetic, your brain takes a vacation.

누군가를 알아가기 위한 수단으로 데이트를 한다는 건 매우 과대평가된 면이 있다. 호르몬이 왕성하고 끌림이 자석처럼 강할 때는 뇌가 제 기능을 발휘하지 못하기 때문이다.

***

데이트를 통해 상대를 제대로 알 수 있을까? 데이트는 이성적인 선택보다는 감정의 끌림이다. 그 끌림이 클수록 판단은 더 흐려진다. '뇌가 제 기능을 하지 못한다 your brain takes a vacation'는 표현이 재미있다.

means 수단, 방법 | get to know ~를 알게 되다 | highly 대단히, 매우 | overrated 과대평가된 | rage 왕성하다, 맹렬히 계속되다 | attraction 끌림, 매력 | magnetic 자석 같은, 사람을 강하게 끄는, 대단히 매력적인 | take a vacation 휴가를 얻다, 일을 쉬다

your brain takes a vacation

리브 콘스탄틴Liv Constantine은 자매 작가인 린 콘스탄틴Lynne Constantine과 발레리 콘스탄틴Valerie Constantine이 함께 사용하는 필명이며,《The Last Mrs. Parrish마지막 패리시 부인》는 2017년에 발표된 심리 스릴러 소설이다.

이야기는 앰버 패터슨과 다프네 패리시, 그리고 부유하고 권력 있는 남자인 잭슨 패리시 사이의 얽힌 관계를 중심으로 전개된다. 앰버는 자신이 부유한 삶을 살 자격이 있다고 생각하는 젊은 여성이다. 그녀는 아름답고 부유한 잭슨의 아내 다프네를 질투하며 그녀의 완벽해 보이는 삶을 빼앗기로 결심한다. 모든 것이 앰버의 뜻대로 흘러가는 것처럼 보이지만, 앰버가 알지 못하는 비밀들이 집안 곳곳에 숨겨져 있다.

The Last Mrs. Parrish, Liv Constantine, HarperCollins, 2017
《마지막 패리시 부인》, 리브 콘스탄틴, 나무의철학, 2017년

댄 브라운 Origin 오리진

May our philosophies keep pace with our technologies. May our compassion keep pace with our powers. And may love, not fear, be the engine of change.

우리의 철학이 우리의 기술과 보조를 잘 맞춰 나가길 기원합니다. 우리의 연민이 우리의 능력과 보조를 잘 맞춰 나가기를 기원합니다. 그리고 두려움이 아닌 사랑이, 변화의 원동력이 되기를 기원합니다.

* * *

철학과 기술의 조화. 책임감과 힘의 균형. 두려움이 아닌 사랑을 통한 변화 추구 the engine of change. 우리는 이런 것들을 반드시 이루어야 한다는 자기성찰을 독려하는 철학적 메시지이다.

philosophy 철학 | keep pace with ~와 보조를 맞추다 | compassion 연민 | fear 두려움 | engine 원동력, 엔진

be the engine of change

댄 브라운Dan Brown은 암호와 음모를 결합한 역사 관련 스릴러 소설로 잘 알려진 미국 작가이다. 2017년에 발표된 《Origin 오리진》은 로버트 랭던 주인공의 다섯 번째 소설로, 과학과 종교의 대립, 인공지능, 인류의 미래와 같은 주제를 탐구한다.

작품의 배경은 스페인으로, 랭던은 미래학자이자 억만장자인 에드먼드 커쉬가 주최하는 특별한 이벤트에 초청받아 빌바오의 구겐하임 미술관에 방문한다. 커쉬는 인류의 두 가지 근본적인 질문, 즉 '우리는 어디에서 왔는가?'와 '우리는 어디로 가는가?'에 대한 혁명적인 발견을 했다고 주장한다. 그러나 커쉬는 자신이 발견한 사실을 밝히기 직전에 암살당하고 행사장은 혼란에 빠진다. 랭던은 미술관 관장 암브라 비달과 함께 커쉬의 비밀을 밝혀내기 위해 위험한 여정을 시작한다.

Origin, Dan Brown, Anchor, 2017
《오리진》, 댄 브라운, 문학수첩, 2017년

콜린 후버 It Ends with Us 우리가 끝이야

All humans make mistakes. What determines a person's character aren't the mistakes we make. It's how we take those mistakes and turn them into lessons rather than excuses.

모든 인간은 실수를 저지른다. 한 사람의 인격을 결정짓는 것은 우리가 저지르는 실수가 아니다. 이미 저지른 실수를 어떻게 받아들이며 그 실수를 변명보다는 교훈으로 어떻게 전환하느냐가 인격을 결정짓는 요소이다.

***

우리는 누구나 실수할 수 있다. 그 실수로 그 사람의 능력과 인격을 결정하지는 않는다. 실수를 대하는 태도와 그에 따른 행동이 그 사람의 진정한 인격을 말해준다. 이를테면, 실수를 변명보다는 교훈으로 into lessons rather than excuses 바꾸는 태도 같은 것 말이다.

determine ~를 결정하다 | character 인격, 성격 | turn A into B A를 B로 전환시키다 | lesson 교훈 | excuse 변명 | rather than ~보다는, ~ 대신에

into lessons rather than excuses

콜린 후버Colleen Hoover는 로맨스와 청소년 소설 분야에서 잘 알려진 미국의 베스트셀러 작가이다. 2016년에 발표된 《It Ends With Us 우리가 끝이야》는 사랑과 가정 폭력, 자기 발견 등을 다룬 로맨스 소설이다.
주인공 릴리 블룸은 새로운 삶을 시작하기 위해 보스턴으로 이사했다. 그녀는 신경외과 의사인 라일 킨케이드를 만나고, 자신의 꿈이었던 꽃 가게도 연다. 라일과 릴리의 관계는 빠른 속도로 진전되지만, 이내 두 사람 사이에 갈등이 생긴다. 그러던 중 릴리는 첫사랑인 아틀라스 코리건을 우연히 만난다. 아틀라스는 릴리가 10대였을 때 만난 노숙자 소년으로, 둘은 특별한 유대감을 공유했던 사이이다. 릴리는 라일의 폭력적인 행동에 심리적으로 크게 갈등하고, 결국 아이를 갖게 되면서 힘든 결정을 내린다.

It Ends with Us, Colleen Hoover, Atria Books, 2016
《우리가 끝이야》, 콜린 후버, 위즈덤하우스, 2022년

데이비드 길버트 And Sons 아버지와 아들

So much happens to us without our knowing. People might talk about us, whisper and judge, and those whispers and judgments are forever in our company,
a groundless shadow.

우리가 모르는 사이에 너무나 많은 일들이 일어난다. 사람들이 우리에 대해 이야기할 수도 있고 속삭일 수 있으며 판단할 수도 있다. 그리고 그런 속삭임과 판단은 근거도 없이 마치 그림자처럼 끝없이 우리를 따라다닌다.

***

나에 대한 타인의 시선과 평가는 나도 모르게 계속된다. 우리가 전혀 인식하지 못해도 그것들은 우리를 그림자처럼 계속 따라다니며 a groundless shadow 의식 깊은 곳에 불안감을 남긴다는 심리적 표현이 인상적이다.

without our knowing 우리가 알지 못하는 사이에 | might ~일 가능성이 있다 | whisper 속삭이다, 속삭임 | judge 판단하다 | in one's company ~와 함께 있다 | groundless 근거 없는

a groundless shadow

데이비드 길버트David Gilbert는 현대인의 삶과 그 속의 복잡한 관계를 예리한 통찰력과 풍자적인 시선으로 풀어내는 미국 작가이다. 2013년에 발표된 《And Sons 국내 미출간》는 뉴욕 문학계를 배경으로 가족과 유산, 정체성이라는 주제를 탐구하는 작품으로, 이야기는 노년의 작가인 A. N. 다이어와 세 아들을 중심으로 전개된다.

다이어는 저명하지만 수수께끼 같은 작가로, 삶의 대부분을 은둔 생활로 보냈다. 생의 마지막이 가까워지면서 다이어는 자신의 유산에 대해서, 그리고 자기 작품이 가족에게 미친 영향에 대해서 돌아본다. 다이어는 세 아들을 불러 모은다. 장남 리처드는 아버지의 그늘에서 벗어나고자 애쓰며 약물 중독과 개인적 실패로 좌절하고 있다. 다큐멘터리 영화 감독인 둘째 제이미는 개인적, 직업적 위기에 처해 있다. 10대인 막내 앤디는 가족과 세상에서 자신의 자리를 찾고자 노력하고 있다.

And Sons, David Gilbert, Fourth Estate, 2013

009
메리언 키스 This Charming Man 매력남

She didn't want to bother people; she didn't want to draw attention to herself; she didn't want to ask for anything, because she couldn't endure the rejection.

그녀는 사람들을 불편하게 만들고 싶지 않았다. 그녀는 사람들의 주목을 받고 싶지 않았다. 그녀는 그 무엇도 요구하고 싶지 않았다. 그녀는 거절을 견딜 수 없었기 때문이다.

* * *

겸손으로 포장된 두려움, 수줍음으로 포장된 상실감. 사랑받고 싶지만 거절되고 상처받을까 두려워 couldn't endure the rejection 다가가지 못하는 외로움이 감성적으로 잘 표현되고 있다.

---

bother 성가시게 하다, 불편하게 하다 | draw attention to ~에 주의가 쏠리다 | ask for ~를 요구[요청]하다 | endure 견디다, 참다 | rejection 거절

couldn't endure the rejection

메리언 키스Marian Keyes는 아일랜드 작가로, 우울증, 약물 중독, 사별 등 다양한 주제의 글들을 쓰며, 그녀의 소설들은 33개 언어로 번역되어 전 세계적으로 사랑받고 있다. 《This Charming Man국내 미출간》은 2008년에 발표된 작품으로, 카리스마 있지만 사람을 조종하는 데 능한 정치인 패디 드 코시, 그리고 그와 관련된 네 여성의 삶을 다룬다.

이야기는 패디의 약혼 발표로 시작된다. 그의 갑작스러운 약혼으로 그와 관련된 여성들은 큰 충격을 받는다. 롤라 데일리는 패디의 스타일리스트이자 현재 여자 친구이다. 그녀는 그의 약혼 소식에 심한 충격을 받은 후 마음의 상처를 치유하기 위해 외딴 마을로 숨어 들어간다. 그레이스 길디는 정치 기자이자 패디의 전 여자 친구이다. 그녀는 패디의 과거를 파헤치는데, 타인을 조종하는 데 능하고 폭력적인 그의 비밀이 서서히 드러난다. 마르니 길디는 그레이스와 자매이다. 그녀 또한 패디로 인해 깊은 상처를 받았고 그 상처에서 벗어나기 위해 노력하고 있다. 앨리시아 손튼은 패디가 약혼한 여성으로 완벽한 삶을 사는 것처럼 보인다. 그러나 결혼식이 가까워지면서 패디의 매력적인 외면에서 균열을 보기 시작한다.

This Charming Man, Marian Keyes, Penguin, 2008

010
리안 모리아티 Truly Madly Guilty 정말 지독한 오후

No one warned you that having children reduced you right down to some smaller, rudimentary, primitive version of yourself, where your talents and your education and your achievements meant nothing.

아무도 당신에게 경고하지 않았다. 아이를 가짐으로써 당신은 전보다 작고 단순하며 원초적이고 본능적인 모습으로 축소된다는 사실을 말이다. 그 상태에서 당신의 재능과 그동안 받았던 교육, 그리고 그동안 이루었던 성취는 아무런 의미가 없다는 사실을.

* * *

아이의 탄생에 동반되는 낯설고 외로운 감정이 잘 표현되어 있다. 아이를 낳는 것은 축복이지만 정체성의 상실을 의미하기도 한다. 아이를 낳기 전 자신의 위상은 온데간데없고 오직 아이를 키우는 데 필요한 원초적이고 본능적인 자아로 rudimentary, primitive version 회귀해 버린다.

warn ~에게 충고하다, 경고하다 | reduce ~를 축소시키다 | smaller 능력이나 성취가 과거에 비해 축소된 | rudimentary 기초적인, 단순한 | primitive 원시적인 단계의, 본능적인 | achievement 성취, 업적

rudimentary, primitive version of yourself

리안 모리아티Liane Moriarty는 호주 출신의 작가로, 광고와 마케팅 분야에서 일하다가 글을 쓰기 시작했다. 2016년에 발표된 《Truly Madly Guilty 정말 지독한 오후》는 세 쌍의 커플을 중심으로 전개된다. 샘과 클레멘타인, 에리카와 올리버, 비드와 티파니가 그 주인공들이다.

이야기는 비드와 티파니가 주최한 바비큐 파티에서 시작된다. 파티에서 극적인 사건이 일어나는데, 그 사건의 내막은 이야기가 진행되면서 점차 밝혀진다. 클레멘타인과 에리카는 오랜 친구 사이지만, 그들의 우정은 매우 복잡하다. 문제 많은 가정에서 자란 에리카는 클레멘타인에게 늘 의지해 왔지만, 성인이 된 그들의 관계는 긴장으로 가득하다. 파티에서의 일로 그들의 갈등은 더욱 깊어지고, 과거와 서로에 대한 진실된 감정을 마주한다.

Truly Madly Guilty, Liane Moriarty, Penguin, 2016
《정말 지독한 오후》, 리안 모리아티, 마시멜로, 2023년

011
테리 맥밀런 Who Asked You? 누가 물어봤어?

I do believe that even if you make a left when you should've made a right, there's still time to make a U-turn and go in the right direction.

내가 분명히 믿는 건 우회전을 했어야 할 때 좌회전을 하더라도 유턴해서 올바른 방향으로 갈 시간은 여전히 있다는 것이다.

***

잘못된 선택을 하거나 실수를 저질러도 절망할 필요는 없다. 다시 시작하면 되고 언제든 실수를 만회할 기회가 있다. make a left, make a right, make a U-turn으로 이어지는 희망적 메시지가 좋다.

---

do believe 분명히 믿다 | even if ~일지라도 | make a left 좌회전하다 | should've made a right 우회전을 했어야 했다 | make a U-turn 유턴하다 | in the right direction 올바른 방향으로

there's still time to make a U-turn

테리 맥밀런Terry McMillan은 아프리카계 미국인 여성의 삶을 생생하게 묘사하는 미국 작가로, 《Who Asked You?국내 미출간》는 2013년에 발표되었다. 친구와 가족, 이웃이 오랜 세월 함께 성장하고 변화하는 과정을 여러 등장인물의 시점을 통해 그린다.

이야기는 로스앤젤레스에 사는 중년 할머니 베티 진BJ을 중심으로 전개된다. BJ에게는 성인이 된 세 자녀가 있다. 큰아들 퀜틴은 자신의 정체성을 찾아서 방황하고 있고, 둘째 트리네타는 마약에 중독된 상태이며, 막내 덱스터는 범죄로 감옥에 들어가 있다. 어느 날 트리네타는 두 아들을 BJ에게 맡기고 사라진다. BJ의 자매인 아를린과 베네시아는 경제적으로 BJ보다 훨씬 나은 상태이지만 가정 문제를 안고 있다. BJ의 오랜 친구이자 이웃인 태미는 동네에서 마지막 남은 백인 주민으로, 자신도 어려움이 많지만 친구인 BJ를 돕기 위해 곁에 머문다.

Who Asked You?, Terry McMillan, Berkley, 2013

콜린 후버 It Starts with Us 우리가 시작이야

It's one thing to dislike someone for how they treat me, but it's an entirely different kind of anger when the person I admire the most in this world is mistreated.

누군가가 나를 대하는 방식 때문에 그를 싫어하는 건 그렇다 치고, 내가 이 세상에서 가장 존경하는 사람이 부당하게 대우받을 때 느껴지는 화는 완전히 다른 종류의 감정이다.

* * *

내 자존심에 타격을 준 사람과 사랑하는 사람에게 상처를 준 사람에 대한 분노의 크기는 비교 불가능an entirely different kind of anger이다. 사랑하는 사람에 대한 내 감정의 깊이를, 분노의 감정을 통해 문학적으로 잘 묘사하고 있다.

dislike ~를 싫어하다 | treat ~를 대하다 | entirely 완전히 | admire 존경하다 | mistreat ~를 학대하다, ~를 부당하게 대하다

it's an entirely different kind of anger

《It Starts with Us 국내 미출간》는 콜린 후버의 베스트셀러 소설 《It Ends with Us 우리가 끝이야》의 후속 작품으로, 주인공 릴리 블룸, 그녀의 전남편 라일 킨케이드, 첫사랑 아틀라스 코리건의 삶을 더 깊이 다룬다. 라일과 이혼한 후, 릴리는 딸 에머슨을 혼자 키우며 새로운 삶을 시작한다. 그러나 라일과 공동 양육을 하면서 관계를 유지해야 하는 상황과 첫사랑 아틀라스와 재회하면서 생긴 복잡한 감정 때문에 혼란스럽다. 두 번째 기회와 개인적 성장, 그리고 아이와 과거의 상처가 얽힌 복잡한 관계 속에서 균형을 찾아가는 릴리의 여정이 그려진다.

It Starts with Us, Colleen Hoover, Atria Books, 2022

조조 모예스 The Last Letter from Your Lover 더 라스트 레터

If I let myself love you it would consume me. There would be nothing but you. I would be constantly afraid that you might change your mind. And then, if you did, I would die.

만일 내가 마음먹고 당신을 사랑하게 된다면 그로 인해 나는 그 사랑의 감정에 완전히 사로잡히게 될 겁니다. 당신 말고는 이 세상에 아무것도 존재하지 않을 겁니다. 나는 당신의 마음이 변할까 봐 끝없이 두려워할 겁니다. 그리고 정말 당신의 마음이 변하면 나는 죽어버릴 겁니다.

* * *

당신을 사랑하면 나는 그 사랑에 완전히 지배될 것이다it would consume me. 당신의 마음이 변해서 내가 사랑을 잃게 되면 나는 모든 것을 잃었다는 상실감에 죽고 말 것이다. 사랑으로 인한 불안과 고통, 절망이 감성적으로 표현되고 있다.

let myself love you 내가 당신을 사랑하게 놔두다, 마음먹고 당신을 사랑하다 | consume ~를 소모하다, ~를 사로잡다 | but you 당신을 제외하고 | constantly 계속적으로 | change one's mind 생각을 바꾸다

it would consume me

조조 모예스Jojo Moyes는 영국 작가로, 전업 작가가 되기 전에는 기자였다. 2002년에 첫 소설 《Sheltering Rain국내 미출간》을 발표했고, 2012년에 《Me Before You미 비포 유》를 내놓으며 널리 알려졌다. 《The Last Letter from Your Lover더 라스트 레터》는 2011년에 발표된 소설로, 서로 다른 시대를 사는 두 여성의 사랑 이야기이다.

1960년, 제니퍼 스털링은 교통사고 후 병원에서 깨어난다. 그녀는 사고로 인해 기억 상실증에 걸려 자신의 삶이나 주변의 일들을 전혀 기억하지 못한다. 조각 맞추듯 기억을 더듬던 그녀는 숨겨져 있던 사랑의 편지들을 발견한다. 이 편지들은 B라는 사람이 자신에게 보낸 것으로, 그가 그녀의 남편은 아니었다. 이 편지들을 읽으며 제니퍼는 자신이 남편이 아닌 다른 남자와 사랑에 빠져 있었고, 사고 전에 그 남자와 함께 도망치려 했다는 사실을 알게 된다.

2003년, 기자 엘리 하워스는 신문사 기록 보관소에서 제니퍼의 편지를 우연히 발견한다. 복잡한 연애사로 혼란을 겪고 있던 엘리는 제니퍼와 B의 이야기에 매료되어 그들의 행적을 추적하기 시작한다.

The Last Letter from Your Lover, Jojo Moyes, Pengin Books, 2012
《더 라스트 레터》, 조조 모예스, 살림, 2016년

014

니콜라스 스파크스 The Wish 위시

While I tossed and turned, it dawned on me that love was the most powerful emotion of all, because it made you vulnerable to the possibility of losing everything that really mattered.

잠을 못 자고 뒤척이던 중 갑자기 이런 생각이 떠올랐다. 사랑이 모든 감정 중에서 가장 강력한 감정이라는 생각이. 그 이유는 사랑은 정말 중요한 모든 것을 잃을 수도 있다는 가능성 앞에 당신을 무방비 상태로 드러내기 때문이다.

***

사랑은 소중하다. 그러나 문득 깨닫는다 it dawned on me. 나의 정서적으로 안정된 삶, 인생의 의미나 목표, 나의 모든 것이 된 관계들, 심지어 나의 정체성까지도 그 사랑이 떠남과 동시에 모두 사라져 버릴 수 있다. 그리하여 나는 멸망과 같은 상태에 노출될 수 있다. 그러나 그럼에도 불구하고 우리는 사랑에 빠진다.

---

toss and turn 잠을 이루지 못하고 뒤척이다 | **dawn on me** 내가 갑자기 ~를 깨닫게 되다 | **vulnerable to** ~에 취약한, 물리적으로나 감정적으로 공격을 받을 가능성에 노출되는

it dawned on me

니콜라스 스파크스Nicholas Sparks는 발표하는 책마다 《뉴욕타임스》의 베스트셀러에 오른 미국 작가이다. 《The Wish위시》는 2021년에 발표된 소설로, 예기치 않게 전개되는 인생 이야기를 감동적으로 풀어낸다. 이야기는 성공한 사진작가 매기 도즈를 중심으로 전개된다. 2019년 크리스마스 시즌, 매기는 피부병 증세가 많이 나빠진 상태이다. 매기는 지난 삶을 돌아보면서 1996년의 중요한 순간을 떠올린다. 그때 매기는 반항적인 10대 소녀였고 문제를 일으켜 임신하게 된다. 부모는 그녀를 작은 마을의 이모 집으로 보내 딸의 임신 사실을 비밀에 부치려 한다. 하지만 이 외진 마을에서 브라이스 트리켓이라는 청년을 만나면서 매기의 삶은 변한다. 세월이 흘러 현재, 마크 프라이스라는 젊은 남자가 매기를 찾아온다. 매기는 자신의 과거, 브라이스와의 사랑, 자신이 낳은 아이에 관한 이야기를 들려주기 시작한다.

The Wish, Nicholas Sparks, Grand Central Publishing, 2021
《위시》, 니콜라스 스파크스, 모모, 2023년

헤스터 브라운 The Honeymoon Hotel 허니문 호텔

People change. Doesn't mean you weren't right then, just that we grow. It's natural. Move on. Don't cling to what suited you in the past, focus on who you are now.

사람은 변해. 그때 네가 옳지 않았다는 게 아니라, 그냥 우리가 성장한다는 의미야. 자연스러운 거야. 그러니까 과거는 훌훌 털고 일어나. 과거에 너를 만족시켰던 것들에 집착하지 말고 지금의 너 자신에 집중하란 말이야.

***

변화를 두려워 마라. 변화는 성장의 증거이다just that we grow. 과거의 나에게 집착하지 마라. 현재의 나에게 집중하라focus on who you are now. 현재의 변화된 나를 받아들이는 것이 진정한 자기성찰이다.

natural 자연스러운 | Move on. 미련을 두지 마. 다 잊고 넘어가. 훌훌 털고 일어나. 새출발해야지. | cling to ~에 집착하다 | suit you 너에게 어울리다 | in the past 과거에 | focus on ~에 집중하다

focus on who you are now

《The Honeymoon Hotel 국내 미출간》은 2014년에 발표된 헤스터 브라운의 작품으로, 럭셔리 호텔을 배경으로 한 로맨틱 코미디 소설이다. 주인공 로지 맥도날드는 런던의 유명한 호텔에서 일하는 꼼꼼한 웨딩 플래너이다. 로지의 꿈은 호텔에서 새롭게 선보이는 신혼부부를 위한 고급 스위트룸을 관리하는 것이며, 그녀는 그 자리를 얻기 위해 최선을 다해 능력을 증명하고자 한다. 하지만 세상 걱정 없고 잘생긴 동료 조 벤틀리 더글러스도 같은 자리를 노리고 있다. 로지는 완벽함과 정밀함을 추구하는 반면, 조는 느긋하고 즉흥적이라 두 사람의 성격은 극과 극이다. 두 사람이 함께 일하는 시간이 길어질수록, 경쟁과 로맨스의 경계가 흐려지기 시작한다. 로지는 여러 결혼식 준비와 까다로운 고객들을 상대하느라 정신없는 상황 속에서도 조에게서 느끼는 감정과 자신의 목표 사이에서 계속 혼란스럽다. 그러던 중 호텔에서 열린 한 유명인의 결혼식이 엉망이 되는 사건이 벌어진다.

The Honeymoon Hotel, Hester Browne, Quercus, 2014

016

제니퍼 와이너 Big Summer 빅 서머

When you're a hammer, everything looks like a nail. When you're angry, everything looks like a target. There are a lot of angry people in the world. And these days, they're all online.

당신이 망치라면 모든 것이 못으로 보인다. 당신이 화가 난 상태라면 모든 것이 표적으로 보인다. 세상에는 분노에 찬 사람들이 너무도 많다. 그리고 요즘 그들은 모두 온라인에 있다.

***

익명성이 보장된 디지털 공간에서 근거 없는 무차별 분노를 드러낸다. 분노에 빠지면 세상 모든 것이 공격의 대상이 된다everything looks like a nail. 극도의 감정이 세상을 바라보는 방식에 영향을 주는 것이다.

nail 못 | target 표적 | these days 요즘 | online 온라인에

everything looks like a nail

제니퍼 와이너Jennifer Weiner는 미국 작가로, 프린스턴 대학교에서 영문학을 전공하고 기자로 일했다. 유머와 깊이 있는 감정을 결합한 작법으로 사랑받고 있으며, 《Big Summer국내 미출간》는 2020년에 발표되었다. 이야기는 인스타그램 인플루언서인 데프니 버그를 중심으로 전개된다. 데프니는 절친이었던 드루 캐버너와의 다툼 후에 자신이 사랑하는 삶을 구축하기 위해 애를 쓴다. 데프니는 자기 계발에 집중하며 '자기 몸 긍정주의body positivity: 자신의 몸을 있는 그대로 사랑하자는 주의'와 솔직한 게시물로 소셜 미디어에서 인기를 얻는다. 어느 날, 드루는 느닷없이 데프니에게 다시 나타나 자신의 결혼식에서 신부 들러리를 맡아 달라고 한다. 여전히 남아 있는 상처에도 불구하고 데프니는 팔로어를 늘리고 자신의 브랜드를 확장할 기회라 생각해서 그 제안을 받아들인다. 그러나 결혼식 직전에 드루가 죽은 채 발견되면서 극적인 전환을 맞이하며, 이야기는 미스터리로 변한다.

Big Summer, Jennifer Weiner, Atria Books, 2020

017
찰스 디킨스 Great Expectations 위대한 유산

I'll tell you what real love is. It is blind devotion, unquestioning self-humiliation, utter submission, trust and belief against yourself and against the whole world, giving up your whole heart and soul to the smiter.

진정한 사랑이 무엇인지 내가 말해주지. 그건 맹목적인 헌신이며, 절대적 자기 비하이고, 완전한 복종이자, 자신과 세상의 반대나 의심에도 불구하고 상대에게 갖는 신뢰와 믿음이며, 이렇게까지 자신을 철저히 허물어뜨리고 파괴하는 상대에게 자신의 온 마음과 영혼을 바치는 거야.

***

이 작품 속의 왜곡된 사랑이 압축적으로 잘 묘사되고 있다. 사랑이 얼마나 자기 파괴적이고 정체성 말살trust and belief against yourself의 감정인지, 보편적인 사랑은 아니지만 주인공의 비극적인 사랑을 문학적으로 비유하고 있다.

blind devotion 맹목적인 헌신 | unquestioning 의심하지 않는 | self-humiliation 자기 비하 | utter 완전한 | submission 복종 | trust and belief 신뢰와 믿음 | against ~에 반하는 | give up A to B A를 포기하고 B에게 바치다 | smiter 상처를 주고 패배시키는 사람

trust and belief against yourself

찰스 디킨스Charles Dickens는 1812년 영국에서 태어나 1870년에 세상을 떠난 빅토리아 시대를 대표하는 영국 작가이다. 그의 대표작으로는 《Oliver Twist올리버 트위스트》, 《A Christmas Carol크리스마스 캐럴》, 《David Copperfield데이비드 코퍼필드》 등이 있다. 《Great Expectations위대한 유산》는 1861년에 발표되었으며, 어린 고아 피프의 삶과 성장, 사랑, 자기 발견으로 가는 여정을 그린 작품이다.

피프는 누나와 매형이자 대장장이인 조우 가저리와 함께 시골 마을에 산다. 어느 날 피프는 부모님의 무덤을 찾아갔다가 도망 중인 죄수 에이블 매그위치와 마주친다. 매그위치는 피프에게 음식과 도주에 필요한 도구를 훔쳐 오라고 강요하고, 피프는 두려움에 그의 말을 따르지만 죄책감에 시달린다. 매그위치는 나중에 체포되지만 피프가 자기의 도주를 도왔던 사실은 말하지 않는다. 그 후 피프는 마을의 부유하고 별난 미스 해비셤의 집을 방문하게 된다. 그녀는 결혼식 당일 신랑에게 버림받은 후 은둔 생활을 하는 노파이다. 피프는 그곳에서 미스 해비셤의 아름답지만 냉정한 양딸 에스텔라를 만나 짝사랑에 빠진다. 피프는 어른이 되면 신분 상승을 해서 에스텔라의 사랑을 얻겠다는 꿈을 꾸기 시작한다.

Great Expectations, Charles Dickens, Chapman & Hall, 1861

018

톰 클랜시 The Hunt for Red October 붉은 10월호

Marxism stripped away the foundation of human dignity and individual value. It also cast aside the objective measure of justice and ethics which was the principal legacy of religion to civilized life.

마르크스주의는 인간의 존엄성과 개인 가치의 토대를 뿌리째 뽑아버렸다. 또한 종교가 문명화된 삶에 남긴 주된 유산인 정의와 윤리의 객관적 기준도 없애버렸다.

* * *

마르크스주의라는 이념이 인간성과 도덕의 근간the foundation of human dignity and individual value을 무너뜨렸다. 개인을 존중하는 보편적 윤리와 도덕이 사상이나 이념보다 앞서야 한다는 철학적 메시지이다.

Marxism 마르크스주의 | strip away ~를 제거하다, ~를 벗겨내다 | foundation 토대, 기초 | dignity 존엄성 | individual value 개인의 가치 | cast aside ~를 없애다 | objective measure 객관적인 기준 | justice 정의 | ethics 윤리 | principal 중요한 | legacy 유산 | religion 종교 | civilized life 문명화된 삶

the foundation of human dignity and individual value

톰 클랜시Tom Clancy는 미국 작가로, 냉전 시대와 그 이후를 배경으로 한 군사와 첩보 소설로 유명하다. 1984년에 발표된 그의 첫 번째 소설이 《The Hunt for Red October붉은 10월 호》이다.

이 작품은 소련 해군의 우수한 잠수함 함장인 마르코 라미우스가 새로운 핵잠수함 레드 옥토버의 지휘를 맡으면서 시작된다. 이 잠수함은 음향 탐지기를 피할 수 있는 혁신적인 시스템이 갖춰져 있어서 적의 레이더망을 피해 전 세계 어느 해안이든 조용히 접근할 수 있다. 라미우스는 승조원들에게는 훈련 항해라고 설명하지만, 실제로는 미국으로 탈출하기 위한 계획을 세운다. 소련은 라미우스가 미국으로 망명하려 한다는 사실을 알아차리고 잠수함을 침몰시키기 위해 모든 해군 전력을 동원한다. 한편, 미국은 소련의 잠수함이 자신들을 공격하기 위해 접근하고 있다고 생각한다.

The Hunt for Red October, Tom Clancy, Berkley, 2009
《붉은 10월 호》, 톰 클랜시, 백암, 1992년

019

리브 콘스탄틴 The Next Mrs. Parrish 그다음 패리시 부인

"Impatient people don't wait for things to happen. They make them happen."

"Hmm. That is quite a philosophy you have there."

"Well, obviously impatience must be undergirded with patience. If that makes sense."

"참을성 없는 사람들은 일이 일어나기를 기다리지 않아. 스스로 일을 만들고 말지."
"흠. 굉장히 철학적인 말이네."
"조급함은 인내심이 뒷받침되어야 한다는 건 분명해. 그게 타당한 일이라면 말이야."

* * *

조급함은 두 가지로 해석된다. 단순한 조급함과 인내심이 뒷받침되는 조급함. 실제로 일이 되게 하는 사람은 겉으로는 급한 듯해도 때를 기다릴 줄 알고 참을 줄도 아는 undergirded with patience 사람이다.

---

impatient 안달하는 | quite 상당히, 완전히 | philosophy 철학 | obviously 분명히, 명백히 | impatience 성급함, 조급 | undergird 뒷받침하다 | patience 인내심 | make sense 말이 되다

be undergirded with patience

《The Next Mrs. Parrish 국내 미출간》는 2024년에 발표되었으며, 《The Last Mrs. Parrish 마지막 패리시 부인》의 후속 작품으로, 전작의 긴장감을 유지하며 배신과 복수가 더 복잡해진 심리 게임이 전개된다. 전편에서 앰버는 상류층으로 올라서지만 결국 자신의 거짓된 행동의 대가를 치른다. 잭슨이 탈세 혐의로 감옥에 갇혔다가 석방되면서 앰버의 삶은 위태로워진 것이다. 잭슨과 앰버의 갈등이 고조되는 가운데 다프네가 마을로 돌아온다. 여기에 데이지 앤이라는 새로운 인물이 등장하는데, 그녀는 앰버와 과거에 악연이 있다.

The Next Mrs. Parrish, Liv Constantine, Bantam, 2024

020
줄리 코헨 Dear Thing 디어 싱

You give birth to children so that they will go away from you. So that they'll grow up and have their own lives with people they've chosen. It's natural. And the hurting is natural, too.

우리는 아이를 낳고 아이들은 우리 곁을 떠난다. 아이들은 자라서 자신이 선택한 사람들과 자신의 삶을 산다. 그것은 자연스러운 일이다. 그리고 그로 인한 아픔도 자연스러운 것이다.

＊＊＊

아이를 낳아 기른다는 것은, 아이를 내 곁에 두기 위해서가 아니라 아이가 언젠가 독립하여 떠날 수 있도록 돕기 위해서이다. 그 과정에서 아픔은 매우 자연스러운 the hurting is natural 감정이며 순순히 받아들여야 한다.

give birth to ~를 낳다 | so that ~를 이루기 위하여 | go away from ~로부터 떠나가다 | natural 자연스러운 | hurting 아픔

the hurting is natural

줄리 코헨Julie Cohen은 주로 사랑, 인간관계, 개인적인 성장 등을 탐구하는 작품을 쓰며 감정적으로 깊이 있는 이야기와 매력적인 스토리텔링으로 잘 알려진 영국 작가이다. 2013년에 발표된 그녀의 소설 《Dear Thing 국내 미출간》은 부모가 된다는 것의 의미와 사랑하는 이들을 위해 기꺼이 희생할 수 있는 마음을 진지하게 조명한다.

행복한 결혼 생활을 하는 벤과 클레어에게는 불임infertility이라는 아픔이 있다. 아이를 갖기 위한 시도가 여러 차례 실패하면서 클레어는 감정적으로 지쳐가고, 두 사람의 결혼 생활도 고통스러워지기 시작한다. 이때 벤의 오랜 친구인 로밀리가 등장한다. 로밀리는 싱글 맘으로 딸 포지를 키우고 있다. 벤과 클레어의 고통을 알게 된 로밀리는 자발적으로 대리모surrogate mother가 되어 주겠다고 제안한다. 이 제안은 우정에서 비롯되었지만, 로밀리는 그동안 자신이 벤에게 깊은 감정을 품고 있었음을 깨닫는다.

Dear Thing, Julie Cohen, Transworld Digital, 2013

수잔 콜린스 Mockingjay 모킹제이

"You're still angry."

"And you're still not sorry."

"I still stand by what I said. Do you want me to lie about it?"

"No, I want you to rethink it and come up with the right opinion.

"너 아직도 화났구나."
"그런데 넌 아직도 전혀 미안해 하지 않네."
"난 지금도 내 말이 옳다고 생각하니까. 넌 내가 그렇지 않다고 거짓말하면 좋겠어?"
"아니, 내가 원하는 건 네가 한 말을 다시 한번 생각해서 제대로 된 의견을 내달라는 거야."

* * *

갈등 해소는 단순한 사과로 끝나지 않는다. 진심 어린 성찰과 생각의 변화rethink it가 필요하다. 또한 생각은 일방적이서는 안 된다. 상대를 이해하고 관계를 회복하기 위해서는 이타적 노력이 필요하다.

stand by ~를 지지하다, ~를 고수하다 | rethink ~를 다시 생각하다 | come up with ~를 제시[제안]하다

rethink it and come up with the right opinion

수잔 콜린스Suzanne Collins는 헝거 게임Hunger Games 3부작으로 잘 알려진 미국 작가이다. 그녀의 아버지는 미 공군 장교로 베트남 전쟁에 참전한 경험이 있어서 아버지를 통한 전쟁에 대한 이해가 작품에 영향을 주었다. 2010년에 발표된 《Mockingjay모킹제이》는 헝거 게임 3부작 중 마지막 작품으로, 전쟁의 트라우마와 상징자로서의 부담, 그리고 게일과 피타에 대한 복잡한 감정을 헤쳐 나가는 캣니스의 여정을 그린다.

이야기는 미래 디스토피아dystopia: 유토피아의 반대 개념 사회에서 압제적인 정부인 캐피톨이 지배하는 국가 파넴을 배경으로 전개된다. 주인공 캣니스 에버딘은 두 번의 헝거 게임에서 살아남은 후 반란의 상징이 된다. 그녀는 반란군의 선전 영상에 출연해 반군을 고무시키고 캐피톨을 약화하는 역할을 맡는다. 이런 그녀의 주된 동기는 스노우 대통령을 무너뜨리고 사랑하는 사람들을 보호하는 것이다.

Mockingjay, Suzanne Collins, Scholastic Inc., 2010
《모킹제이》, 수잔 콜린스, 북폴리오, 2011년

델리아 오언스 Where the Crawdads Sing 가재가 노래하는 곳

His dad had told him many times that the definition of a real man is one who cries without shame, reads poetry with his heart, feels opera in his soul, and does what's necessary to defend a woman.

그의 아버지는 여러 번 말해 주었다. 진정한 남자의 정의는 부끄러움 없이 눈물을 흘리고, 마음을 다해 시를 읽으며, 영혼으로 오페라를 느끼고, 한 여자를 지키기 위해서 필요한 일을 하는 사람이라고.

***

진정한 남자a real man는 외적 강인함 속에 깊은 감성을 품고 있으며, 그 감성을 외면하지 않고 적극적으로 표현할 줄 아는 용기를 가진 인간이다. 인생의 선배인 아버지의 말을 빌려 남성성을 내적 깊이와 품위로 정의하고 있다.

definition 정의 | without shame 부끄러워하지 않고, 창피해하지 않고 | poetry 시 | necessary 필요한, 필연적인 | defend ~를 방어하다, ~를 지키다

the definition of a real man

델리아 오언스Delia Owens는 미국 작가이자 야생동물 과학자로, 2018년에 발표한 첫 소설《Where the Crawdads Sing가재가 노래하는 곳》으로 알려졌다. 이 작품은 미스터리, 성장, 그리고 자연 세계에 관한 깊은 탐구가 어우러진 매혹적인 이야기를 그리고 있다.

소설은 노스캐롤라이나주의 습지를 배경으로, 지역 사람들에게 '습지 소녀Marsh Girl'로 알려진 카야 클라크의 삶을 따라간다. 어린 나이에 가족에게 버림받은 카야는 야생에서 자라며 자연은 그녀의 특별한 친구가 된다. 카야는 외롭지만 홀로 살아남는 법을 배우고 습지의 식물과 동물들에게서 위안을 찾는다. 사람의 영향을 전혀 받지 않고 자연을 벗삼아 성장한 것이다. 카야는 체이스 앤드류스와 만나 사랑에 빠지지만 결국 그와의 관계는 끝난다. 그 후 체이스 앤드류스가 습지에서 죽은 채로 발견되고, 카야는 체이스와의 관계와 마을 사람들의 편견 때문에 용의선상에 오른다.

Where the Crawdads Sing, Delia Owens, G.P. Putnam's Sons, 2018
《가재가 노래하는 곳》, 델리아 오언스, 살림, 2019년

In the fourteenth century, Italian literature was, by requirement, divided into two categories: tragedy, representing high literature, was written in formal Italian; comedy, representing low literature, was written in the vernacular and geared toward the general population.

14세기에 이탈리아 문학은 필수적으로 두 개의 카테고리로 나뉘었다. 고급 문학을 대표하는 비극은 격식을 갖춘 이탈리아어로 쓰였다. 대중 문학을 대표하는 희극은 일상 언어로 쓰였으며 일반 대중에 맞춰졌다.

***

언어는 의사전달의 수단 외에도 사회적 신분과 문화적 권위를 드러내는 역할을 한다. 효과적인 대화를 위해서는 대상에 맞는 언어 선택이 절대적으로 중요하다는 메시지다. '일상 언어'를 뜻하는 vernacular라는 쉽지 않은 단어의 선택이 흥미롭다.

by requirement 필수적으로, 필요에 의해서 | be divided into ~로 나뉘다 | tragedy 비극 | represent ~를 대변[대표]하다 | high literature 고급 문학 | formal 격 있는, 격식을 갖춘 | comedy 희극 | low literature 대중 문학, 하급 문학 | vernacular 일상 언어 | gear toward ~에 맞추다 | general population 일반 대중

written in the vernacular

《Inferno인페르노》는 2013년에 발표된 댄 브라운의 작품으로, 퍼즐, 암호, 역사적 참조들로 가득한 로버트 랭던 주인공의 네 번째 소설이다. 이야기는 로버트 랭던이 이탈리아 피렌체에서 기억을 잃은 채 병원에서 깨어나는 것으로 시작된다. 그는 자신이 누군가에게 쫓기고 있음을 깨닫고, 의사 시에나 브룩스와 함께 단테의《신곡Divine Comedy》중〈지옥편Inferno〉에 숨겨진 단서들을 풀어야 하는 상황에 부닥친다. 랭던과 시에나는 피렌체, 베네치아, 이스탄불 등 역사적인 장소들을 넘나들며, 인류의 인구 과잉 문제를 해결하려는 광신적인 생화학자 버트란드 조브리스트의 음모를 밝혀낸다. 인류의 생존과 미래에 대한 도덕적 딜레마에 직면한 랭던은 종국에 자신이 알고 있던 모든 것을 재평가하게 만드는 충격적인 반전을 맞는다.

Inferno, Dan Brown, Anchor, 2013
《인페르노》, 댄 브라운, 문학수첩, 2013년

024
니콜라스 스파크스 The Return 리턴

Family is like your shadow on a sunny day, always there, just over your shoulder, following you in spirit no matter where you are or what you're doing. They're always with you.

가족은 햇살이 밝게 비치는 날 당신의 그림자와 같다. 항상 그 자리에 있다. 바로 당신의 어깨 너머에. 당신이 어디에 있든지 무엇을 하고 있든지 가족은 정신적으로 늘 당신을 따라다닌다. 가족은 항상 당신과 함께 존재한다.

* * *

내 삶의 정신적 지주이며 어떤 위치와 상황에서도 심리적 안정감을 주는 존재, 가족. 인생의 모든 순간에 나도 모르게 함께하는 following you in spirit 존재가 가족이라는 메시지이다. 햇살이 밝게 비치는 날의 그림자 your shadow on a sunny day라는 문학적 묘사가 돋보인다.

on a sunny day 햇살이 밝게 비치는 날에 | in spirit 정신적으로, 마음속으로 | no matter where 어디에서 ~이든지 | no matter what 무슨 ~이든지

like your shadow on a sunny day

《The Return 국내 미출간》은 2020년에 발표된 니콜라스 스파크스의 소설로, 깊은 상실과 상처를 경험한 후에 어떻게 구원을 찾을 수 있는지에 대해 이야기한다. 트레버 벤슨은 아프가니스탄에서 부상을 당하고 돌아온 전해군 군의관이다. 트레버는 자신의 상처를 치유하기 위해 이미 세상을 떠난 할아버지의 집으로 온다. 그곳에서 그는 두 명의 여성을 만나는데, 첫 번째는 현지 보안관인 나탈리 마스터슨이다. 두 사람은 서로 관심을 두지만, 나탈리는 자신의 비밀 때문에 트레버와 거리를 유지한다. 두 번째 여성은 근처 트레일러 파크 trailer park: 이동주택 차량용 주차장에 사는 10대 소녀 캘리이다. 캘리는 트레버의 할아버지와 특별한 관계가 있었던 것으로 보이며, 트레버는 할아버지와 그녀 사이의 관계를 밝히려 한다.

The Return, Nicholas Sparks, Sphere, 2020

025

설레스트 잉 Everything I Never Told You 내가 너에게 절대로 말하지 않는 것들

You loved so hard and hoped so much and then you ended up with nothing. Children who no longer needed you. A husband who no longer wanted you. Nothing left but you, alone, and empty space.

당신은 정말 열심히 사랑했고 간절히 희망했지만 결국 당신은 아무것도 손에 쥐지 못했다. 당신을 더 이상 필요로 하지 않는 아이들. 더 이상 당신을 원치 않는 남편. 아무것도 남지 않았다. 당신 혼자만 남았을 뿐, 그리고 텅 빈 공간만 남았을 뿐.

* * *

사랑 이후의 기대는 무너졌다. 아무것도 남은 것이 없다 nothing left but you, alone. 아무도 나를 더 이상 필요로 하지 않는다. 더 이상 존재 이유가 없다. 쓸쓸함, 외로움, 공허, 그러한 감성이 평이한 어휘로 뼈아프게 전달되고 있다.

so hard 아주 열심히 | end up with 결국 ~로 끝나다 | no longer 더 이상 ~가 아닌 | but ~를 제외하고

nothing left but you, alone

설레스트 잉Celeste Ng은 미국에서 태어나 하버드 대학교에서 영문학을 전공했으며 미시간 대학교에서 예술 석사 학위를 받았다. 그녀의 작품은 주로 복잡한 가족 관계, 인종, 정체성, 사회적 기대와 같은 주제를 담고 있다. 2014년에 발표된 《Everything I Never Told You 내가 너에게 절대로 말하지 않는 것들》는 1970년대 미국 오하이오주를 배경으로 중국계 미국인 가정의 이야기를 다룬다.

리 가족의 딸 리디아가 호수에서 시신으로 발견되면서 이야기가 시작된다. 아버지인 제임스는 중국계 미국인 교수로 평생 미국 사회에서 차별과 소외감을 느껴왔다. 백인 어머니인 마릴린은 아내와 어머니의 역할, 그리고 여러 가지 사회적 기대치들로 인해서 자신의 꿈이었던 의사의 길을 포기하고 리디아가 대신 그 꿈을 이루어 주기를 바랐다. 리디아가 죽으면서 가족들은 각자의 방식으로 상실감을 느끼며, 숨겨왔던 비밀과 억압된 감정을 드러내기 시작한다.

Everything I Never Told You, Celeste Ng, Penguin Books, 2014
《내가 너에게 절대로 말하지 않는 것들》, 설레스트 잉, 마시멜로, 2016년

026

테리 맥밀런 A Day Late and a Dollar Short 이미 지난 일

Common sense is something you can't teach, which is why there's some things kids should blame their parents for and some shit they just have to take responsibility for on their own.

상식은 가르칠 수 없는 거라서 부모가 해 줄 수 없는 것들이 있다. 그래서 살다 보면 아이들이 부모를 탓할 일도 생기고 스스로 책임져야 하는 개똥 같은 일도 있는 것이다.

* * *

어려서부터 부모를 통해 알게 되는 것들이 있지만 상식처럼 배우거나 가르칠 수 없는 것something you can't teach들이 있다. 어느 시점부터는 본인이 감당하고 책임져야 할 것들이 생긴다. 현실적인 자기성찰을 말하는 실용적 메시지이다.

common sense 상식 | blame ~를 탓하다 | shit 불편한 상황, 부정적인 일 | take responsibility of ~를 책임지다 | on one's own 스스로

common sense is something you can't teach

《A Day Late and a Dollar Short 국내 미출간》는 2000년에 발표된 테리 맥밀런의 소설로, 이야기의 중심에는 아프리카계 미국인 프라이스 가의 바이올라 프라이스가 있다. 그녀는 건강에 문제가 있지만 고집이 세고 강한 성격을 지닌 인물로 가족의 가장이다. 바이올라의 남편은 그녀를 버리고 떠났으며, 네 명의 자녀들도 각자 복잡한 삶을 살고 있다. 장녀 패리스는 성공한 커리어 우먼이지만 사랑을 찾지 못한 채 외로워한다. 둘째 샬롯은 자존감이 약하고 결혼 생활이 평탄치 않으며 어머니로서의 역할에 혼란스러워 하고 있다. 아들 루이스는 마약 중독으로 가족과 거리를 두고 있다. 막내 자넬은 혼자 아들을 키우면서 안정된 삶을 찾기 위해 노력하고 있다. 이 작품은 각 인물의 행적과 가족들과의 관계, 트라우마를 반추하는 과정을 그린다.

A Day Late and a Dollar Short, Terry McMillan, Berkley, 2002

027

테리 맥밀런 Getting to Happy 행복으로의 여정

Happiness is a feeling of calm that comes from inside. When you figure out what's important. When you have nothing to prove. Giving everything you do everything you've got and being satisfied, regardless of the outcome.

행복은 내면에서 오는 평온한 감정이다. 무엇이 중요한지를 깨달을 때, 더 이상 증명해 보일 것이 없을 때 느끼는 감정이다. 당신이 하는 모든 일에 당신이 가진 모든 것을 다 쏟아붓고 결과와 상관없이 만족하는 것, 그것이 바로 행복이다.

* * *

진정한 행복은 외적 성취에서 오지 않는다. 진정한 행복은 내적 평온a feeling of calm that comes from inside에서 비롯된다. 스토아 철학과 유사한 개념으로 타인의 시선으로부터 독립된 자율적 존재로서의 인간을 강조하는 글이다.

calm 평온 | inside 내면 | figure out 이해하다, 생각해 내다 | prove 증명하다 | be satisfied 만족하다 | regardless of ~에도 불구하고, ~에 상관없이 | outcome 결과
*everything you do는 give의 간접 목적이고 everything you've got은 직접 목적이다.

happiness is a feeling of calm that comes from inside

《Getting to Happy 국내 미출간》는 2010년에 발표된 소설로, 테리 맥밀런이 1992년에 발표하여 대표작이 된 《Waiting to Exhale 국내 미출간》의 후속 작품이다. 전작 이후 세월이 흘러 이제 50대에 접어든 네 명의 아프리카계 미국인 여성 사바나, 버나딘, 로빈, 글로리아의 삶을 다룬다.

사바나는 결혼 생활에 실망하고 다시 자신의 방식대로 행복을 찾을 방법을 찾고 있다. 버나딘은 실패한 결혼 후 개인적인 상실감과 싸우고 있다. 그녀의 전남편은 재정적으로 그녀를 파탄에 빠뜨렸고 버나딘은 분노와 우울감을 다스리며 새롭게 살기 위해 노력하고 있다. 로빈은 10대 딸을 둔 싱글 맘이다. 그녀는 관계와 일에 대해 고민하며 진정한 행복을 찾으려 한다. 글로리아는 행복한 결혼 생활을 하는 듯 보이지만 그녀 또한 가족을 돌보며 친구들을 돕는 과정에서 나름의 도전에 직면한다. 이들은 각자의 감정적 치유와 자아 발견, 용서를 위한 여정에서 서로에게 의지한다. 중년의 복잡한 삶과 실망스러운 경험을 반추하며 상처와 상실, 그 이후의 삶을 어떻게 재건할 수 있을지 고민한다.

Getting to Happy, Terry McMillan, Berkley, 2010

니콜라스 스파크스 The Last Song 라스트 송

Life, he realized, was much like a song. In the beginning there is mystery, in the end there is confirmation, but it's in the middle where all the emotion resides to make the whole thing worthwhile.

그는 깨달았다, 인생은 노래와 매우 흡사하다는 사실을. 시작에는 신비로움이 있고, 끝에는 확실한 마무리가 있다. 그러나 그 중간에는 온갖 감정이 존재하여 전체를 가치 있는 모양새로 만든다.

* * *

삶은 점진적으로 의미를 찾아가는 하나의 작품, 노래와 같다. 무지라는 존재적 불확실성에서 출발하여 지금, 이 순간 우리가 살아가는 과정에서 모든 가치를 만들어내고 make the whole thing worthwhile, 그것을 통해 완성된 모습으로 생을 마무리한다는 철학적 메시지이다.

confirmation 확신, 확실한 마무리 | emotion 감정 | reside 살다 | worthwhile 가치 있는

make the whole thing worthwhile

《The Last Song 라스트 송》은 2009년에 출간된 니콜라스 스파크스의 작품으로, 가족과 사랑, 용서, 성장 등의 주제를 다루고 있다. 부모의 이혼으로 상처받은 17살의 반항적인 소녀 베로니카 로니 밀러는 한 조용한 해변 마을에서 아버지와 함께 여름을 지낸다. 아버지에게 화가 난 상태인 로니는 이 시간이 어렵고 불편하기만 하다. 하지만 시간이 지나면서 음악에 대한 사랑을 공유하며, 특히 피아노를 통해서 아버지와 서서히 가까워지고, 아버지의 현실을 함께 감당하는 로니의 감정적 여정은 깊이를 더해 간다. 한편 로니는 동네 소년인 윌 블레이클리를 만나면서 연애의 감정을 갖게 되고, 그 여름은 점점 사랑과 용서, 자아 발견의 시간으로 바뀐다.

The Last Song, Nicholas Sparks, Sphere, 2009
《라스트 송》, 니콜라스 스파크스, 문학수첩, 2011년

029
조디 피코 Leaving Time 코끼리의 무덤은 없다

When someone leaves you once, you expect it to happen again. Eventually you stop getting close enough to people to let them become important to you, because then you don't notice when they drop out of your world.

누군가 우리를 한 번 떠나면 우리는 같은 일이 또 일어날 거라고 예상한다. 결국 우리는 사람들이 중요한 존재가 될 만큼 가까워지는 것을 거부한다. 그래야 그들이 우리 주변에서 사라져도 알아차리지 못하기 때문이다.

* * *

상실의 경험에 깊게 베인 상처가 관계에 미치는 영향을 아주 평이한 어휘들로 서술하고 있다. 관계에 대한 신뢰가 무너지면 새로운 만남을 거부하게 되고 stop getting close enough to people, 결국 상처는 아물지 못하고 정서적 고립으로 이어진다.

expect ~를 예상하다 | eventually 결국 | get close to ~에 가까워지다 | notice ~를 눈치채다, ~를 알다 | drop out of ~에서 떨어져 나가다, ~에서 사라지다

eventually you stop getting close enough

조디 피코Jodi Picoult는 복잡한 사회적, 윤리적, 도덕적 문제들을 다루는 미국 작가이다. 2014년에 발표된 《Leaving Time 코끼리의 무덤은 없다》은 여러 인물의 시점에서 이야기가 전개되며, 감정적 깊이와 미스터리, 그리고 코끼리의 행동에 대한 풍부한 통찰을 보여준다.
13살 소녀 제나 멧카프는 10여 년 전 비극적인 사고 이후 사라진 어머니 앨리스를 찾고 있다. 앨리스는 코끼리의 슬픔을 연구한 과학자였다. 이야기는 인간의 슬픔과 코끼리의 행동을 병렬적으로 다루며 전개된다. 제나는 두 사람에게 도움을 받는데, 한 명은 실종 사건들을 해결하여 유명해진 심령술사 세레니티 존스이고, 다른 한 명은 앨리스 실종 사건을 처음 조사했던 탐정 버질 스탠호프이다. 이들은 사건을 파헤치며 기억과 현실, 과학과 초자연적인 현상 사이의 경계를 모호하게 하는 충격적인 진실을 발견한다.

Leaving Time, Jodi Picoult, Ballantine Books, 2014
《코끼리의 무덤은 없다》, 조디 피코, 현대문학, 2015

030

린제이 제인 애시포드 The Woman on the Orient Express 오리엔트 특급 열차 위의 여인

When everything goes against you and you get to a point when it seems you can't hang on a minute longer, never, never give up—for that is just the place and time that the tide will turn.

모든 상황이 당신에게 불리하게 돌아가고 더는 전혀 버틸 수 없을 것 같은 지점에 이르렀을 때 절대로, 절대로 포기하지 마세요. 왜냐하면 바로 그 지점, 그 시점에 모든 상황과 흐름이 역전될 테니까요.

* * *

세상이 내게 등을 돌렸다. 더 이상 버틸 힘이 없다. 그러나 그 순간에도 절대 포기해서는 안 된다. 흐름이 바뀌고the tide will turn 희망이 고개를 들기 시작하는 순간이 바로 그때이기 때문이다. 끝났다고 생각할 때가 바로 시작의 문턱일 수 있다.

---

go against ~에 어긋나다, ~에 불리하게 돌아가다 | get to a point 어떤 지점에 이르다 | hang on 계속 버티다 | give up 포기하다 | the tide will turn 상황과 흐름이 바뀔 것이다

the place and time that the tide will turn

린제이 제인 애시포드Lindsay Jayne Ashford는 역사 미스터리와 범죄 소설로 유명한 영국 작가로, 그녀의 작품들은 실제 역사적 사실과 가상의 이야기를 혼합하여 몰입감을 높이는 특징이 있다. 가장 유명한 작품이 2016년에 발표된《The Woman on the Orient Express국내 미출간》이다.
소설의 주인공은 애거사 크리스티, 유명한 미스터리 소설가이다. 그녀는 이혼 소송 중이며, 새로운 시작을 위해 호화로운 오리엔트 특급 기차를 타고 여행을 떠난다. 여행 중 그녀는 다양한 인물들을 만나면서 신비롭고 위험한 사건들에 휘말린다. 기차 안에서 한 여성이 실종되고 연쇄 살인 사건이 발생하자, 애거사 크리스티는 자신의 탐정 능력을 발휘해 사건을 해결하려고 한다. 이 작품은 애거사 크리스티의 실제 인생과 그녀의 추리 소설 요소들을 혼합해 독자들에게 흥미진진한 미스터리를 선사한다.

The Woman on the Orient Express, Lindsay Jayne Ashford, Lake Union Publishing, 2016

031
존 그리샴 Gray Mountain 잿빛 음모

A license to practice law is a powerful tool when it's used to help little people. Crooks like Snowden are accustomed to bullying folks who can't afford representation. But you get a good lawyer involved and the bullying stops immediately.

변호사 개업 자격증은 강력한 도구입니다. 가진 것 없고 힘없는 사람들을 돕기 위해 사용될 때 말이죠. 스노우든 같은 사기꾼들은 법정 대리인을 내세울 형편이 안 되는 사람들을 협박하는 데 익숙합니다. 하지만 훌륭한 변호사의 도움을 받으면 그런 협박은 당장 끝납니다.

* * *

변호사 자격증은 단순한 명예가 아니라 현실에서 힘없는 약자들, 법적 대응을 적절하게 할 수 없는 억울한 사람들을 보호하는 도구라는 메시지가 좋다. 변호사를 쓰는 것을 get involved로 표현한 점도 기억할 만하다.

practice law 변호사 개업을 하다, 법률 업무를 실행하다 | little people 힘없는 사람들 | crook 사기꾼 | be accustomed to ~에 익숙하다 | bully ~를 괴롭히다, 협박하다 | folks 사람들 | can't afford ~할 형편이 안 되다 | representation 대리인을 내세움 | involve ~를 관련시키다 | immediately 당장, 곧

get a good lawyer involved

존 그리샴John Grisham은 변호사 출신의 미국 작가로, 법정 스릴러의 대가로 불리며《A Time to Kill타임 투 킬》,《The Pelican Brief 펠리컨 브리프》,《The Client의뢰인》등 수많은 베스트셀러를 냈다. 2014년에 발표된 《Gray Mountain잿빛 음모》는 법률 스릴러 소설로, 2008년 금융위기를 배경으로 젊은 변호사 사만사 코퍼의 이야기를 중심으로 전개된다.

사만사는 뉴욕 월스트리트의 대형 로펌에서 일하는 유망한 3년 차 변호사이다. 그러나 금융위기가 닥치면서 다른 많은 직원과 함께 그녀도 갑자기 해고된다. 그녀는 1년 동안 무급으로 법률 지원 클리닉에서 일할 기회를 제안받고 버지니아주의 작은 마을에서 일하게 된다. 이 지역은 경제적으로 침체된 곳으로, 대부분의 주민이 석탄 채굴과 관련된 일을 하고 있다. 이곳에서 사만사는 '스트립 마이닝strip mining'이라는 파괴적인 석탄 채굴 방식과 관련된 사건에 연루된다. 이 작품은 안전과 환경 문제를 무시한 채 이윤만을 추구하는 대형 석탄 기업들의 부패한 관행을 고발한다. 사만사는 이 기업들과 대립하면서 위험한 상황에 직면하는데, 결국 브래디에서의 일을 통해 자신의 새로운 목적과 방향을 찾게 된다.

Gray Mountain, John Grisham, Anchor, 2014
《잿빛 음모》, 존 그리샴, 문학수첩, 2015년

더글라스 케네디 The Big Picture 빅 픽처

I'll tell you something—life is here. And if you keep hating where you are, you're going to wind up losing it all. And, believe me, once you lose it, you'll desperately want it all back again. It's how it works.

내가 뭐 하나 말해 줄게. 인생은 지금, 이 순간에 존재하는 거야. 그런데 당신이 지금의 이 자리를 계속 싫어하면, 당신은 결국 모든 것을 잃게 될 거야. 게다가, 정말이야, 일단 모든 걸 잃으면, 당신은 잃어버린 그 모든 것을 다시 간절히 원하게 될 거야. 인생이란 게 원래 그런 거야.

* * *

현재가 삶이며, 이 삶이 바로 나라는 존재이다. 지금의 이 삶을 부정하면, 내 존재를 부정하는 것이며, 그럼으로써 내 모든 것을 잃게 된다wind up losing it all. 이 삶의 지혜는 반드시 공유해야 한다.

wind up 결국 ~로 마무리되다 | desperately 간절히 | work 작동하다, 움직이다

you're going to wind up losing it all

더글라스 케네디Douglas Kennedy는 복잡한 인물 묘사와 심리적 깊이, 강렬한 감정 묘사 등으로 유명한 미국의 소설가이자 극작가이다. 1997년에 발표된 소설 《The Big Picture빅 픽처》는 코네티컷주의 교외에 사는 변호사 벤 브래드포드를 중심으로 이야기가 전개된다.

벤은 부유한 생활, 아름다운 아내, 두 자녀, 큰 집 등 겉으로 보기엔 완벽한 삶을 살고 있다. 그러나 내심 그는 행복하지 않다. 원래는 사진작가를 꿈꿨지만, 안정된 삶과 주변의 기대 때문에 법조인의 길을 걷고 있을 뿐이다. 그러나 어느 순간 벤의 삶은 극적으로 바뀌고, 그는 자기 삶으로부터 도망친다. 새로운 곳에서 그는 꿈꿔왔던 사진작가로서의 새 삶을 시작하고, 이전에는 느끼지 못했던 자유와 예술적 성취를 이뤄간다. 하지만 자신의 과거에 대한 두려움 속에서 벤은 스스로 내린 결정들과 진정한 자아가 충돌하면서 혼란스럽다.

The Big Picture, Douglas Kennedy, Abacus, 2011
《빅 픽처》, 더글라스 케네디, 밝은세상, 2024년

033
E.L. 제임스 Fifty Shades of Grey 그레이의 50가지 그림자

Men aren't really complicated. They are simple, literal creatures. They usually mean what they say. And we spend hours trying to analyze what they've said, when really it's obvious. If I were you, I'd take him literally. That might help.

남자들은 실제로 복잡하지 않아. 단순하고 직설적인 존재들이야. 그들이 말하는 것은 대체로 다 진심이야. 우리는 남자들이 한 말을 분석하기 위해서 몇 시간을 보내지만, 사실 그들의 말은 명백하거든. 내가 너라면 그의 말을 문자 그대로 받아들이겠어. 그게 도움이 될 거야.

* * *

남자 사용 설명서 같은 내용이다. 남자는 말을 복잡하게 하지 않는다. 남자의 말에 숨은 뜻이 있을 거라며 분석할 필요가 없다. 남자의 말은 문자 그대로 받아들이면 take him literally 된다.

complicated 복잡한 | simple 단순한 | literal 문자 그대로의, 직설적인 | mean ~를 의도하다 | analyze ~를 분석하다 | obvious 명백한 | literally 문자 그대로

they are simple, literal creatures

E.L. 제임스Erika Leonard James는 영국 작가로, 50가지 그림자Fifty Shades 시리즈를 통해서 세계적인 명성을 얻었다. 2011년에 발표된 《Fifty Shades of Grey그레이의 50가지 그림자 1》는 현대 로맨스 소설로, 주인공 아나스타샤 스틸과 크리스천 그레이의 복잡하고 강렬한 관계를 중심으로 전개된다.

아나스타샤는 수줍음이 많은 대학생으로 대학 신문사 인터뷰를 위해 젊고 부유하며 신비로운 사업가 크리스천을 만난다. 아나스타샤는 크리스천의 외모와 매력에 끌리고, 크리스천 역시 아나스타샤의 순수함과 자연스러운 아름다움에 매혹된다. 크리스천은 아나스타샤에게 부와 권력, 호화로운 생활을 보여주며 자신의 어두운 욕망 또한 드러낸다. 그는 아나스타샤를 감정적, 육체적으로 완전히 지배하고자 한다. 아나스타샤는 크리스천의 강렬함에 매료되어 그의 요구를 들어주기로 한다.

Fifty Shades of Grey, E.L. James, Bloom Books, 2012
《그레이의 50가지 그림자》, E.L. 제임스, 시공사, 2012년

034
리안 모리아티 Big Little Lies 커져버린 사소한 거짓말

Mothers took their mothering so seriously now. Their frantic little faces. Their busy little bottoms strutting into the school in their tight gym gear. Ponytails swinging. Eyes fixed on the mobile phones held in the palms of their hands like compasses.

요즘 어머니들은 아이 돌보는 일을 매우 진지하게 받아들였다. 불안하고 초조해 보이는 작은 얼굴들. 꽉 끼는 운동복 차림으로 거만하게 학교로 걸어 들어가는 부지런한 작은 엉덩이들. 좌우로 흔들리는 포니테일. 손에 나침반처럼 들고 있는 휴대전화에 고정된 눈들.

***

아이 양육을 대하는 부모의 과도하고 조급한 행위에 대한 비판적인 목소리이다. 스마트폰 속 정보가 모든 것이라 믿고 eyes fixed on the mobile phones, 바쁜 움직임 속에서 자기 자신을 잃어버린 삶을 비판하고, 삶의 균형을 되찾아야 한다는 메시지를 전한다.

mothering 아이 보살피기 | frantic 불안하고 초조하며 급한 | bottom 엉덩이 | strut into 거만하게 ~로 걸어 들어가다 | gym gear 체육관 복장 | ponytail 머리 뒤로 길게 하나로 묶은 머리 | swing 전후 또는 좌우로 흔들리다 | fixed on ~에 고정된 | palm 손바닥

eyes fixed on the mobile phones

《Big Little Lies 커져버린 사소한 거짓말》는 2014년에 발표된 리안 모리아티의 소설로, 호주의 해안 마을에 사는 세 여성을 중심으로 이야기가 전개된다. 그들은 겉으로 보기에는 완벽한 삶을 살지만, 아이들의 학교 기금 모금 행사에서 어떤 사건이 발생하고, 그 사건의 원인을 찾아가면서 주인공들의 본모습과 마을의 비밀들이 드러난다. 이 작품은 과거 회상과 목격자들의 인터뷰를 통해 전개되며, 등장인물들 사이의 복잡한 관계와 비밀이 서서히 드러나면서 우정, 가정 폭력, 괴롭힘, 거짓말 등의 주제를 그려낸다.

Big Little Lies, Liane Moriarty, Berkley, 2014
《커져버린 사소한 거짓말》, 리안 모리아티, 마시멜로, 2015년

035
폴라 폭스 Desperate Characters 절망적인 사람들

She sensed that he was speaking without much thought, and she knew he didn't believe much in the efficacy of words. The truth about people had not much to do with what they said about themselves, or what others said about them.

그녀는 그가 깊이 생각하지 않고 말하고 있음을 감지했고 그가 말의 효능을 크게 믿지 않는다는 사실도 알고 있었다. 사람의 진실된 모습은 그들이 자기 자신에 대해서 말하거나 타인이 그들에 관하여 말하는 것들과 크게 관련이 없었다.

* * *

내가 나를 어떻게 말하든 타인이 나를 어떻게 말하든, 모두 언어적 서술일 뿐이다. 말로서 in the efficacy of words 진실된 나의 실제를 보여줄 수 없다. 이것은 심리학에서 말하는 암묵적 자아와 관련이 있다. 무의식적 선택, 반복되는 행동, 본능적 반응들이 진실된 나를 말해 준다.

sense ~를 감지하다, ~를 느끼다 | efficacy 효능, 효과 | have not much to do with ~와 크게 관계없다

in the efficacy of words

폴라 폭스Paula Fox는 어린이 문학과 성인 소설에서 모두 주목받았던 미국 작가이다. 그녀의 대표적 성인 소설이 1970년에 발표된 《Desperate Characters 국내 미출간》이다. 이 작품은 1960년대 말 뉴욕 브루클린을 배경으로 중산층의 중년 부부인 소피와 오토 벤트우드를 중심으로, 편안하지만 정서적으로 고립된 삶을 다루고 있다. 이야기는 소피가 길고양이에게 먹이를 주려다 물리는 장면으로 시작한다. 소피는 광견병에 걸릴 가능성을 걱정하지만 병원에 가기를 꺼린다. 성공한 변호사이지만 감정적으로 냉담한 오토는 자신의 법률 사무소가 쇠퇴하는 것과 삶의 무의미함에 고통을 느낀다. 이들을 둘러싼 친구, 이웃, 낯선 사람들과의 관계를 통해 드러나는 불만과 불안이 부부의 삶을 채우고 있다.

Desperate Characters, Paula Fox, W. W. Norton & Company, 1999

다니엘 스틸 Southern Lights 고향의 불빛

Sometimes we have to face the things that hurt us most. Maybe you won't heal till you do. You haven't yet. You can't move ahead until you bury the past, and all that agony and hurt is still alive for you.

때로는 우리를 가장 아프게 한 것들과 정면으로 마주해야 할 때가 있어. 아마도 그렇게 마주한 후에야 그 상처가 치유될 거야. 넌 아직 그 상처와 마주하지 못했어. 과거를 묻어버리지 않고서는 앞으로 나아갈 수 없어. 그리고 과거의 모든 고통과 상처가 계속 네 마음속에 살아남아 있는 거야.

* * *

과거의 상처가 마음속에 그대로 남아 있다면 hurt is still alive 현재의 행복이 끝없이 위협받게 된다. 그 상처를 막연히 회피하지 않고 있는 그대로 마주하고 인정하며 헤쳐 나가야 비로소 앞으로의 행복이 보장된다.

face ~에 직면하다, ~를 해결하기 위해서 부딪혀 나가다 | hurt ~에게 상처를 주다 | most 최고로, 가장 크게 | heal 치유되다 | move ahead 앞으로 나아가다 | bury the past 과거를 묻다 | agony 고통 | hurt 마음의 상처 | alive 살아있는

all that agony and hurt is still alive

《Southern Lights 국내 미출간》는 다니엘 스틸이 2009년에 발표한 작품으로, 가족과 정의, 치유를 주제로 한다. 알렉사 해밀턴은 맨해튼에서 성공적인 검사로 활동하며 일에 헌신적이다. 알렉사의 10대 딸인 사바나는 세간의 주목을 받을 수밖에 없는 어머니의 직업이 자신에게 주는 압박과 아버지의 부재로 힘들다. 알렉사는 언론의 주목을 받는 연쇄 살인 사건으로 루크 퀜튼의 기소를 진행하고 있다. 어느 날 알렉사는 피고인으로부터 자신과 딸 사바나를 위협하는 편지를 받는다. 딸의 안전을 염려한 알렉사는 사바나를 전남편인 톰 보몬트에게 보내 그의 새로운 가족과 지내게 한다. 사바나는 처음에는 자신을 보낸 어머니를 원망하지만, 점차 아버지와의 관계가 가까워지고 이전에 살던 곳과는 다른 평온한 세계에 적응하게 된다. 알렉사는 강도 높은 재판과, 딸과 떨어져 있다는 데 스트레스를 받는 동시에 개인적 두려움과 불안감에 휩싸인다.

Southern Lights, Danielle Steel, Delacorte Press, 2009

리차일드 Nothing to Lose 잃을 게 없다

Psychologists figured that the memory center was located in the left brain, and the imagination engine in the right brain. Therefore, people unconsciously glanced to the left when they were remembering things, and to the right when they were making stuff up.

심리학자들의 판단은 이러했다. 기억중추는 좌뇌에 위치하며, 상상력 엔진은 우뇌에 위치한다. 따라서 사람들은 뭔가를 기억할 때 무의식적으로 왼쪽을, 뭔가를 상상하거나 꾸밀 때는 오른쪽을 힐끗 본다.

* * *

무의식적인 작은 움직임도 뇌와 관련이 있다. 아주 단순해 보이는 시선의 움직임조차도 뇌의 작용이라는 것이다. 우리의 행동 하나하나가 복잡하고 정교한 내면의 인지 과정과 세밀하게 연결되어 있다. 우리의 상상력이 엔진engine으로 표현되는 것이 재미있다.

psychologist 심리학자 | figure ~라고 판단하다 | memory center 기억중추 | be located in ~에 위치해 있다 | imagination 상상력, 창의력 | therefore 그러므로 | unconsciously 무의식적으로 | glance to the left 왼쪽을 힐끗 보다 | make stuff up 지어내다, 거짓말을 꾸며내다

the imagination engine in the right brain

리 차일드Lee Child는 영국 작가로, 미국 육군 출신의 잭 리처를 주인공으로 하는 스릴러 시리즈로 유명하다. 《Nothing to Lose 국내 미출간》는 잭 리처 시리즈의 12번째 작품으로, 2008년에 발표되었다.
전직 군사 경찰관인 잭 리처는 우연히 콜로라도주의 황량하고 고립된 두 마을, 희망Hope과 절망Despair에 도착한다. 절망 마을에서 이유 없이 쫓겨나면서 리처는 그곳에 호기심을 갖게 되고, 절망 마을을 통제하는 독재적인 사업가 서먼이 운영하는 금속 재활용 공장이 사실은 위장 시설임을 발견한다. 소설 전반에 걸쳐 리처가 끈질기게 정의를 추구하는 모습과 강력한 적들과 맞서 싸우는 전투력이 긴장감 넘치게 전개되는 액션 소설이다.

Nothing to Lose, Lee Child, Bantam, 2008

038
메건 퀸 He's Not My Type 내 타입 아니야

This girl has me all twisted up inside. One look and my palms started sweating, I felt tongue-tied, and my heart raced faster than when I was chasing down a puck against an opponent. With one look, she brought me back to life.

그녀가 내 마음을 완전히 흔들어 놓았다. 단 한 번의 눈길로 내 손바닥엔 땀이 나기 시작했고, 말문이 막혔으며, 내 심장은 아이스하키 시합에서 퍽을 쫓아 상대 팀 선수를 향해 달릴 때보다 더 빨리 뛰었다. 단 한 번의 눈길로 그녀는 내게 다시 생기를 불어넣었다.

* * *

첫눈에 반했다. 운명처럼 다가와 나를 완전히 뒤흔들었다 all twisted up. 한 번의 눈길에 말문이 막히며 심장이 요동친다. 정지해 있던 삶이 리듬을 되찾고 다시 활력을 찾는다. 아무런 준비 없이 다가온 사랑의 충격을 신체적으로 단순하면서도 명료하게 표현하고 있다.

twisted up 완전히 비틀어진 상태인 | sweat 땀이 나다 | feel tongue-tied 말이 막힌 느낌이다 | race fast 빨리 뛰다 | chase down ~를 쫓아가다 | puck 아이스하키에서 스틱으로 치는 원반 | against ~를 상대로 | opponent 적, 상대편 | bring back to life 다시 생기를 불어넣다

this girl has me all twisted up inside

메건 퀸Meghan Quinn은 재치 있는 대화와 독특한 캐릭터, 세련된 감정 표현으로 사랑받는 소설가이다. 2023년에 발표한 《He's Not My Type국내 미출간》은 주인공 할시 홈즈를 중심으로 전개되는 로맨스 소설이다. 할시는 쌍둥이 형제를 잃은 후 슬픔에서 벗어나지 못한 채 살고 있다. 아이스하키 선수로서 훌륭한 경력을 쌓았지만, 삶의 진정한 기쁨을 느끼지 못하고 그저 하루하루를 버텨내고 있다. 그의 삶은 블레이클리를 만나면서 변하기 시작한다. 그녀는 아름답고 유쾌한 인물로 할시의 마음을 단숨에 사로잡는다. 그러나 블레이클리에게 이미 남자 친구가 있다는 사실을 알게 되면서, 그는 그녀를 마음속에 묻는다. 블레이클리가 싱글이 되고 임시 거처를 찾게 되면서 운명적으로 두 사람은 같은 집에서 지내게 된다.

He's Not My Type, Meghan Quinn, Hot-Lanta Publishing, 2023

039
줄리언 반스 The Only Story 연애의 기억

Most of us have only one story to tell. I don't mean that only one thing happens to us in our lives: there are countless events, which we turn into countless stories. But there's only one that matters, only one finally worth telling.

우리 대부분이 전할 이야기는 단 하나이다. 우리 인생에서 단 한 가지 일만 일어난다는 건 아니다. 우리 삶에는 셀 수 없이 많은 사건이 있고 우리는 그 사건들을 수없이 많은 이야기로 풀어낸다. 하지만 그 수많은 이야기 중에 중요한 이야기는 단 하나로 요약된다. 죽기 전에 마지막으로 말할 값어치가 있는 단 하나의 이야기.

* * *

때때로 지나간 세월을 정리하며, 여러분도 자신의 인생에서 가장 소중한 하나의 이야기 only one finally worth telling를 기억하고 어딘가에 잘 담아내길 바란다. 그리고 그 이야기가 자기 인생의 중요한 철학이 되기를 바란다.

most of us 우리들 대부분 | countless 셀 수 없이 많은 | turn into ~로 바뀌다 | worth ~할 값어치가 있는

most of us have only one story to tell

《The Sense of an Ending 예감은 틀리지 않는다》으로 2011년 맨부커상Man Booker Prize을 수상한 영국 작가 줄리언 반스Julian Barnes는 현대 언어를 전공하고 졸업 후에는 옥스퍼드 영어사전 편찬자lexicographer로 일했다. 이러한 이력 덕분에 그의 작품은 어휘가 탁월하며 필력이 간결하면서도 힘이 있다. 그가 2018년에 발표한 《The Only Story 연애의 기억》는 사랑, 그중에도 사랑의 본질nature of love과 이상적인 사랑ideal love을 다룬다. 이야기는 50년도 더 지난 과거에서 출발한다. 주인공 폴 로버츠는 19살의 대학생이다. 어머니의 권유로 테니스 클럽에 들어간 그는 48세 유부녀인 수잔 맥러드를 만나 사랑을 나눈다. 수잔에게는 폴보다 나이가 많은 두 딸이 있다. 그러나 수잔은 가정을 버리고 폴과 함께 떠나고, 오래지 않아 알코올에 중독된다. 소설은 과거의 사랑과 사건, 흔적들을 회상하며 그사이에 왜곡된 기억, 상처, 그리고 첫사랑으로 흐트러진 삶의 파편들을 주워 모아 숨 가쁘게 세워 놓는다.

The Only Story, Julian Barnes, Vintage, 2018
《연애의 기억》, 줄리언 반스, 다산책방, 2023년

The only thing crueler than a cage so small that a bird can't fly is a cage so large that a bird thinks it can fly. Only a monster would lock a bird in here and call himself an animal lover.

새가 날아다닐 수 없을 정도로 너무 작은 새장보다 더 잔인한 게 있다면 그것은 새가 날 수 있다고 착각하게 만드는 큰 새장이다. 이런 곳에 새를 가두고 스스로를 동물애호가라고 부르는 자는 괴물일 뿐이다.

* * *

눈에 훤히 보이는 속박과 거짓된 자유에 가려진 속박. 어느 속박이 더 파괴적일까? 겉으로는 자유로워 보이지만 실제로는 우리를 통제하는 제도, 규범, 관계 속에서 살아가는 구속된 삶을 새와 새장의 비유로 철학적으로 묘사한다.

cruel 잔인한 | cage 새장 | monster 괴물 | lock ~를 자물쇠로 가두어 두다 | call A B A를 B라고 부르다 | animal lover 동물 애호가

so large that a bird thinks it can fly

캐럴라인 케프니스Caroline Kepnes는 미국의 소설가이자 시나리오 작가, 기자이다. 2014년에 발표된 심리 스릴러 소설 《You무니의 희귀본과 중고책 서점》로 세계적인 작가가 되었으며, 넷플릭스 시리즈로도 제작되어 큰 인기를 얻었다.

이야기는 뉴욕의 한 서점에서 매니저로 일하는 조 골드버그의 시점으로 전개된다. 그는 겉으로는 매력적이고 지적인 인물로 보이지만, 그 이면에는 병적으로 집착하는 인격이 숨어 있다. 어느 날 귀네비어 벡이라는 젊은 작가 지망생이 서점에 들어오는데, 조는 그녀에게 한눈에 반한다. 벡과의 짧은 대화에서 얻은 정보를 바탕으로 조는 온라인에서 벡을 추적하며 그녀의 삶, 친구, 습관 등 모든 것을 알아내기 시작하고, 벡에 대한 조의 집착은 점점 커진다.

You, Caroline Kepnes, Atria/Emily Bestler Books, 2014
《무니의 희귀본과 중고책 서점》, 캐럴라인 케프니스, 시공사, 2015년

041

루시 스코어 Things We Hide from the Light 가려진 진실

"Vulnerability is weakness. Why would I ever want to be weak again? Back me up here, Joel."

"Being vulnerable doesn't mean you're weak. It means you trust yourself to be strong enough to handle the hurt. It's actually the purest form of strength."

"취약함은 곧 나약함이야. 내가 왜 또다시 나약해지고 싶겠어? 조엘, 나를 좀 도와달라고."

"취약하다는 건 네가 나약하다는 의미가 아니야. 그건 네가 취약함을 숨기지 않고 드러내 마음에 상처를 입더라도 그것을 감당할 힘이 있다고 스스로를 믿는다는 의미야. 사실은 가장 순수한 형태의 힘이라고 봐야지."

* * *

문학적으로 '강함'을 정의하고 있다. 감정과 상처를 외면하지 않고 당당히 받아들이는 태도가 진짜 강함the purest form of strength이라고 말한다. 그런 순수한 강함은 자신을 향한 사랑과 그에 따른 성장을 의미한다.

---

vulnerability 취약함 | weakness 나약함, 약점 | back up 도와주다 | vulnerable 취약한 | handle ~를 다루다, ~를 처리하다 | actually 사실은, 실제로 | pure 순수한

it's actually the purest form of strength

루시 스코어Lucy Score는 공감 가는 캐릭터 창조와 세련된 감정 묘사, 매력적인 이야기 구성으로 유명한 로맨스 작가이다. 《Things We Hide from the Light국내 미출간》는 《Things We Never Got Over국내 미출간》의 후속 작품으로 2023년에 발표되었으며, 활기찬 등장인물들과 따뜻한 인간관계로 가득한 작은 마을 나켐아웃 주민들의 이야기이다.

소설은 마을 경찰서장인 내쉬 모건을 중심으로 진행된다. 그는 최근 충격적인 사건을 겪고 나서 육체적, 정신적으로 회복 중인 상태이다. 한때 자신감 넘치고 강인했던 내쉬는 이제 불안과 악몽에 시달리며 감정적으로 취약하다. 그는 자신을 걱정하는 사람들에게 고통을 숨기려 하지만, 그들의 눈에는 그의 고통이 빤히 보인다. 이웃인 리나 솔라비타는 내쉬와는 정반대 성격의 인물이다. 리나는 독립적이고 신비로운 인물로, 법을 지키는 내쉬와는 대조적인 삶을 살며 자기만의 규칙을 따르려고 한다.

Things We Hide from the Light, Lucy Score, Hodder & Stoughton, 2023

아미스테드 모핀 Tales of the City 테일 오브 더 시티

No wonder you're miserable. You sit around on your butt all day expecting life to be one great big Hallmark card. Well, I've got news for you. There's not a single goddamn soul out there who cares enough to send the very best.

네가 비참한 건 당연한 거야. 넌 하루 종일 아무 일도 하지 않으면서 엉덩이를 붙이고 앉아서 인생이 너에게 감동을 선사하는 하나의 거대한 홀마크 카드 한 장이 되기를 기대하고 있잖아. 글쎄, 내가 알려줄게. 이 세상엔 말이다, 너에게 최고의 선물을 보내주겠다고 생각할 만큼 너에게 신경 쓰는 사람은 단 한 사람도 없어.

* * *

내가 세상 밖으로 나가 움직이지 않으면 아무도 티끌만큼도 나를 신경 써 주지who cares enough 않는다. 현실은 냉정하다. 행복이나 성공은 내가 움직여야 얻을 수 있는 것이다.

no wonder ~은 당연하다 | miserable 비참한 | sit around on one's butt 아무 것도 하지 않고 가만히 앉아 있다 | Hallmark card 미국의 인사말 카드 브랜드인 Hallmark에서 만든 카드. 특별한 기념일에 주고받는 카드로 감동적인 메시지와 그림이 포함되어 있다. | soul 사람 | out there 이 세상에 | care enough to ~할 정도로 신경 쓰다

who cares enough to send the very best

아미스테드 모핀Armistead Maupin은 샌프란시스코에 사는 다양한 인물들의 이야기인 Tales of the City 국내 미출간 시리즈로 잘 알려진 미국 작가로, 동명의 작품이 넷플릭스 시리즈로도 제작되었다. 이 작품은 1970년대 변화하는 미국 사회를 배경으로 성적 해방, 성소수자의 정체성, 현대 관계의 유동성 같은 주제를 이야기한다. 각 등장인물의 복잡한 이야기들과 숨겨진 과거를 유머와 따뜻한 시선으로 그려내며 개개인이 가지고 있는 고유의 개성에 대한 깊은 공감을 담고 있다.

메리 앤 싱글턴은 클리블랜드 출신의 순진한 여성이지만, 샌프란시스코로 휴가를 왔다가 즉흥적으로 그곳에 머물기로 결심한다. 그녀는 바버리 레인 28번지로 이사하며 다채로운 인물들을 만난다. 마이클 마우스 톨리버는 따뜻하고 개방적인 게이 남성이고, 브라이언 호킨스는 바람둥이지만 마음씨 좋은 이성애자 남성이다. 모나 램지는 대담하고 괴짜 같은 광고 기획자이고, 안나 마드리갈은 세입자들에게 어머니 같은 존재이다.

Tales of the City, Armistead Maupin, Harper Perennial, 2011

043
크리스틴 해나 Firefly Lane 파이어플라이 레인

That was the thing about best friends. Like sisters and mothers, they could piss you off and make you cry and break your heart, but in the end, when the chips were down, they were there, making you laugh even in your darkest hours.

절친best friend이란 바로 그런 거였다. 자매와 엄마처럼 당신을 열받게 하고 울게 만들며 마음에 상처를 줄 수도 있지만, 막상 너무 힘든 일이 닥치면 옆에 있어 주고, 절망적이고 견딜 수 없을 때도 당신을 웃게 만들어 주는 바로 그런 존재 말이다.

***

친구에 대한 정의를 하나의 정리된 언어로 나타내는 것은 쉬운 일이 아니다. 이 글은 친구를 가족에 비유하여 그 감정의 깊이를 강조한다. 절망 속에서도 when the chips were down 웃음을 주는 존재가 나에게도 있는지 함께 생각해 보고 싶다.

---

piss you off 열 받게 하다 | in the end 결국에는 | when the chips are down 상황이 어렵고 힘들 때 | in your darkest hour 힘들고 절망적인 상황에서

when the chips were down, they were there

《Firefly Lane 국내 미출간》은 크리스티나 해나의 작품으로 2008년에 출간되었다. 주인공인 툴리와 케이트는 어릴 때부터 절친이다. 툴리는 카리스마 있고 야망 있는 소녀지만 불우한 가정에서 자랐고, 케이트는 수줍음 많고 자신감이 부족한 소녀지만 사랑이 충만한 가정에서 성장했다. 성격과 가정환경이 현격하게 다르지만, 두 소녀는 매우 각별한 사이가 되었고 영원한 우정을 약속한다. 같은 대학에 진학해 저널리즘을 전공한 두 사람. 툴리는 TV 저널리스트가 되었고 케이트는 결혼해 가정을 꾸린다. 걷는 길이 완전히 달라지면서 둘은 갈등을 겪지만, 여전히 서로를 지지하며 친구로서 의리를 지켜 간다.

Firefly Lane, Kristin Hannah, St. Martin's Press, 2008

조조 모예스 The Horse Dancer 호스 댄서

The beauty of young people was that hope could still be restored. Sometimes it took only a few words of faith to reilluminate a spark of confidence that the future could be something wonderful, instead of a relentless series of obstacles and disappointments.

젊은이들에게 멋진 점은 언제든 희망이 회복될 수 있다는 것이었다. 때로는 자신을 믿어주는 몇 마디 말만 들어도 자신감의 불씨가 되살아날 수 있었다. 미래가 끝없는 장애물과 실망의 연속이 아니라, 대단히 멋진 무언가가 될 수 있을 거라는 자신감 말이다.

* * *

젊은이들에게 미래는 자기 확신으로 다가와야 한다. 끝없는 장애물과 실망의 연속에서 순간의 좌절이 있을지라도, 몇 마디 믿음의 말로 희망의 불씨를 당겨서 자신감을 회복하는 reilluminate a spark of confidence 젊음을 찬양하고 있다.

beauty 아름다움, 장점 | restore ~를 회복시키다, ~를 복원하다 | words of faith 믿음의 말 | reilluminate ~를 다시 비추다 | spark of confidence 자신감의 불씨 | relentless 수그러들지 않는 | obstacle 장애(물) | disappointment 실망

reilluminate a spark of confidence

《The Horse Dancer호스 댄서》는 조조 모예스가 2009년에 발표한 작품으로, 사랑과 상실, 그리고 말horse을 중심으로 한 두 사람의 이야기를 따뜻하게 그리고 있다. 이야기의 중심에는 런던에 사는 14세 소녀 사라 라샤펠이 있다. 그녀는 과거 유명한 기수horseman였던 할아버지 앙리와 살고 있다. 앙리는 프랑스 전통 승마 기술을 사라에게 가르치며 자신이 이룬 승마 유산을 사라가 이어 가길 바라고 있다. 사라의 세계는 할아버지가 남긴 말 부Boo를 중심으로 돌아간다. 사라는 할아버지에게 배운 기술을 부에게 비밀스럽게 훈련시키며 특별한 승마 공연을 준비하고 있다. 그러나 앙리가 갑작스럽게 뇌졸중으로 쓰러지면서 사라는 시련을 겪고, 결국 자신에게 가장 소중한 말인 부를 잃을 위기에 처한다. 한편, 성공한 변호사 나타샤 마콜리의 이야기가 사라의 이야기와 평행적으로 진행된다. 나타샤는 남편 맥과 이혼 절차를 밟고 있다. 어느 날 나타샤는 사라와 우연히 마주친 후 사라의 처지에 공감하고 그녀를 돕기로 결심한다.

The Horse Dancer, Jojo Moyes, Penguin Books, 2017
《호스 댄서》, 조조 모예스, 살림, 2020년

045
더글라스 케네디 State of the Union 위기의 부부

We always want what we don't have. We regret, in part, the lives we create for ourselves—no matter how successful they might be—because there's a part of us that can never be satisfied with our own reality, the place where we have ended up.

우리는 항상 현재 갖고 있지 못한 것을 원한다. 스스로 만들어 나가는 삶을 어느 정도는 후회하며 산다. 그게 아무리 성공한 삶일지라도, 우리 내면에는 자신의 현실 즉, 궁극적으로 도달한 그 자리에 결코 만족하지 못하는 감정이 존재하기 때문이다.

* * *

성공을 해도 만족은 없다never be satisfied. 내가 선택하지 않은 삶에 대한 향수 때문이다. 결국 완전한 삶은 존재하지 않고 누구에게나 후회와 갈등이 있다. 인간의 본질은 만족 없는 결핍. 만족은 존재하지 않는 환상이다.

regret ~를 후회하다 | no matter how 아무리 ~의 상태이더라도 | a part of us 우리 내면의 어떤 감정 | be satisfied with ~에 만족하다 | end up 결국 ~의 상태나 자리에 이르다

never be satisfied with our own reality

《State of the Union국내 미출간》은 더글라스 케네디가 2005년에 발표한 소설로, 개인적 갈등과 정치적 갈등을 미국의 역사적 배경과 함께 엮어 낸 이야기이다. 해나 버컨은 남편과 아이와 함께, 직업을 가진 평범한 여성으로 겉으로는 완벽해 보이는 삶을 살고 있다. 그러나 해나에게는 그녀의 삶을 무너뜨릴 수도 있기에 꼭꼭 숨겨두려 했던 비밀이 있다. 이야기는 두 개의 시간대가 교차하면서 전개된다. 1960년대 해나의 젊은 시절과 2000년대 해나의 현재이다. 1960년대의 젊은 해나는 급진적인 정치 운동에 깊이 관여하는 동시에 열정적인 사랑을 한다. 해나의 과거가 현재에 다시 조명되면서 그녀의 젊은 시절이 그녀의 현재에 집요하게 영향을 미친다.

State of the Union, Douglas Kennedy, Cornerstone Digital, 2010

046
스티븐 킹 Different Seasons 사계

The most important things are the hardest things to say. They are the things you get ashamed of, because words diminish them—words shrink things that seemed limitless when they were in your head to no more than living size when they're brought out.

정말 중요한 것일수록 말로 표현하기 힘들다. 그런 것들은 말하려고 하면 괜히 부끄러워진다. 말이라는 게 그 감정들을 약화시키기 때문이다. 머릿속에 있을 때는 한없이 크고 깊게 느껴지던 것들도 입 밖으로 꺼내는 순간, 그저 현실 크기로 줄어들고 마니까.

***

내면의 깊은 감정은 무한하고 압도적이다. 그러나 그것을 말로 표현하는 순간, 그 감정은 구체적인 형태를 띠며 그로 인해 오해를 낳고 진심이 축소될 수 있다 words shrink things. 결국 말이란 감정을 구속하는 틀이 될 수 있다.

---

get ashamed of ~가 창피해지다 | diminish ~를 약화시키다, ~의 중요성을 약화시키다 | shrink ~를 줄어들게 하다 | limitless 한이 없는 | no more than 단지 ~에 지나지 않는 | living size 현실적인 크기 | be brought out 밖으로 나오다

words shrink things that seemed limitless

스티븐 킹Stephen King은 공포, 서스펜스, 판타지 장르의 작품으로 유명한 미국 작가이다. 《Different Seasons 사계》는 1982년에 발표되었으며, 제목에서 알 수 있듯이 봄, 여름, 가을, 겨울의 4계절을 주제로 한 4개의 중편 모음집이다. 킹의 소설이 가진 어두운 요소는 여전히 존재하지만 심리적 깊이와 감정적 복잡성이 두드러지는 작품들로 구성되어 있다.

1. Hope Springs Eternal희망의 봄: 아내와 그녀의 정부를 살해한 혐의로 억울하게 유죄 판결을 받은 은행가 앤디 듀프레인은 종신형을 선고받고 쇼생크 감옥에서 평생을 살아야 한다. 이 소설은 1994년 영화《쇼생크 탈출The Shawshank Redemption》로 제작되어 큰 인기를 얻었다.
2. Summer of Corruption타락의 여름: 소년 토드 보든은 이웃집 노인이 나치 전범이라는 사실을 알게 되고, 그가 저지른 잔혹한 범죄에 매료되어 그를 협박한다.
3. Fall from Innocence자각의 가을: 네 명의 소년이 실종된 소년의 시체를 찾으러 떠난다. 소년들의 우정, 상실, 성장을 깊이 있게 다룬 이 소설은 1986년 영화《스탠 바이 미Stand By Me》로 각색되었다.
4. A Winter's Tale의지의 겨울: 어떤 노년의 의사가 힘든 상황 속에서도 아이를 낳기로 결심한 한 여성에 대해 이야기를 시작한다.

Different Seasons, Stephen King, Scribner, 2016
《사계》, 스티븐 킹, 황금가지, 2010년

미란다 카울리 헬러 The Paper Palace 페이퍼 팰리스

I get up off the bed. I need a hot shower and too many Advil. My body is sore. My head hurts from trying to think, going around and around in circles. Does letting go mean losing everything you have, or does it mean gaining everything you never had?

침대에서 몸을 일으켜 내려온다. 뜨거운 샤워가 필요하다. 지나칠 정도로 많은 진통제가 필요하다. 온몸이 쑤신다. 머리는 아프다. 계속 같은 생각이 맴돌고 맴돈 탓이다. '놓아 준다는 것'은 지금 가진 모든 걸 잃는다는 의미일까, 아니면 한 번도 가져본 적 없는 모든 걸 얻는다는 뜻일까?

***

놓아줌으로써 letting go 그 자리에 새로운 것이 들어온다. 이것은 놓아줌을 해방으로, 그리고 존재의 확장으로 이해하는 것이다. 잃는다는 감정과 새롭게 얻는다는 진실 사이에 철학적 균형이 묘사되고 있다.

---

get up off the bed 침대에서 일어나 내려오다 | a hot shower 뜨거운 물로 하는 샤워 | Advil 미국의 두통약 | sore 아픈, 쑤시는 | go around and around in circles 원을 그리며 계속 제자리를 맴돌다 | let go 놓아주다

what does letting go mean?

미란다 카울리 헬러Miranda Cowley Heller는 미국 작가로, 2021년 발표된 첫 소설《The Paper Palace페이퍼 팰리스》는 뉴욕 타임스의 베스트셀러가 되었다.
주인공 엘 비숍은 페이퍼 팰리스에서 여름을 보내고 있다. 이곳은 엘이 여름마다 보냈던 해변의 가족 별장이다. 이곳에서 24시간에 걸쳐서 일어나는 일들로 그녀의 인생은 영원히 바뀐다. 엘은 오래된 친구인 조나스와 함께 깨어난다. 이 불륜 행위로 상황은 복잡해진다. 엘은 피터와 결혼한 상태이고, 그동안 아이들과 함께 잘 지내 왔기 때문이다. 그러나 조나스에 대한 그녀의 감정은 어린 시절로 거슬러 올라가는 복잡한 역사가 있다.

The Paper Palace, Miranda Cowley Heller, Riverhead Books, 2021
《페이퍼 팰리스》, 미란다 카울리 헬러, 주영사, 2023년

조조 모예스 Still Me 스틸미

Books are what teach you about life. Books teach you empathy. But you can't buy books if you barely got enough to make rent. So that library is a vital resource! You shut a library, you don't just shut down a building, you shut down hope.

책은 삶에 대해서 가르쳐줘. 책은 공감을 가르쳐주지. 그런데 겨우 집세 내기도 빠듯하다면 책을 살 수가 없잖아. 그래서 도서관이 우리에겐 매우 중요한 자산인 거야! 도서관을 폐쇄하면 그저 건물만 폐쇄하는 게 아니야. 희망을 완전히 꺾어버리는 거라고.

* * *

독서는 학습 도구이자, 공감empathy 능력을 길러주는 도구이다. 도서관은 그 도구를 평등하게 제공하는 곳이다. 그런 도서관을 없앤다는 것은 개인 발전의 통로는 물론 미래에 대한 희망마저 차단하는 행위이다.

empathy 공감 | barely 가까스로 | make rent 집세를 내다 | vital 필수적인, 매우 중요한 | resource 자원 | shut ~를 닫다 | shut down ~를 완전히 폐쇄하다 | shut down hope 희망을 꺾다

books teach you empathy

《Still Me스틸 미》는 조조 모예스의 미 비포 유Me Before You 시리즈의 세 번째 작품으로, 2018년에 발표되었으며 주인공 루이자 클라크의 변화된 삶을 그린다. 루이자는 새로운 삶을 시작하기 위해 과거를 뒤로 하고 뉴욕으로 이사한다. 그곳에서 부유한 사업가 레너드 고프닉의 두 번째 아내인 애그니스의 개인 비서로 일을 시작한다. 루이자는 고프닉 가족의 삶에 깊이 관여하면서 애그니스가 겉보기와 달리 행복하지 않다는 사실을 알게 된다. 애그니스는 상류 사회에 적응하기 위해 애쓰지만, 남편의 가족과 친구들이 자신을 무시한다고 느낀다. 루이자는 애그니스를 돕는 게 자기 일이지만, 그렇다고 일에 너무 몰두하여 자아를 버리면서까지 도울 수는 없는 일이다. 뉴욕 생활에 적응하면서 루이자는 정체성과 소속감을 더욱 고민하게 된다.

Still Me, Jojo Moyes, Penguin Books, 2018
《스틸 미》, 조조 모예스, 다산책방, 2025년

049
데이비드 미첼 Ghostwritten 유령이 쓴 책

Grudges are demons that gnaw away your bone marrow. Time was already doing a good enough job of that. Lord Buddha has often told me that forgiveness is vital to life. I agree. Not for the well-being of the forgiven, though, but for the well-being of the forgiver.

원한은 골수까지 갉아먹는 악마 같은 존재다. 그런 고통은 이미 흐르는 시간 속에서 충분히 받고 있었다. 부처님은 자주 말씀하셨다. 용서가 삶에 필수적이라고. 나도 그 말씀에 동의한다. 하지만 그 용서가 필요한 건, 용서받은 자의 건강과 행복을 위해서가 아니라 용서하는 자의 건강과 행복을 위해서이다.

* * *

가슴에서 쉽게 사라지지 않는 원한의 감정. 그것을 지우는 방법은 용서이다. 용서는 상대를 위한 자비가 아니라 자기 생존을 위한 for the well-being of the forgiver 보전 행위임을 철학적으로 설명하고 있다.

---

grudge 원한 | demon 악마 | gnaw away ~를 갉아 먹다 | bone marrow 골수 | do a good enough job of ~를 충분히 잘하고 있다 | forgiveness 용서 | vital 생명 유지에 필수적인 | well-being 건강과 행복 | the forgiven 용서받은 사람 | though 하지만, 그렇지만 | the forgiver 용서하는 사람

for the well-being of the forgiver

데이비드 미첼David Mitchell은 독창적인 스토리텔링 기법으로 유명한 영국 작가이다. 《Ghostwritten유령이 쓴 책》은 1999년에 발표된 그의 첫 작품이다. 일본에서 몇 년간 살았던 경험으로 그의 작품에는 일본의 문화와 배경이 자주 등장한다. 이 작품은 전 세계의 여러 장소에서 다양한 인물들의 시점을 통해 이야기가 진행되는 다중 관점 소설로, 각 이야기는 독립적으로 존재하지만 서로 얽혀 있으며, 전체적으로는 인간의 운명과 우연, 상호 연결성을 탐구한다.

첫 장은 도쿄에서 가스 공격을 저지른 종말론적 종교 단체의 일원인 퀘이자의 이야기로 시작한다. 그는 오키나와로 도망쳐 자신의 행동과 신념에 대해 되돌아본다. 그 이후 이야기는 도쿄에 사는 재즈를 사랑하는 젊은 이 사토루에게로 전환된다. 그는 우연히 퀘이자에게 걸려 온 전화를 받게 되고, 그의 삶은 예기치 않은 방향으로 흘러간다. 그 뒤로 다양한 나라의 다양한 인물에 관한 이야기가 이어지며, 마지막 장에서는 미국 뉴욕의 심야 라디오 DJ 배트 세군도가 등장한다. 그의 방송은 소설 전반에 걸쳐 나타나는 이상하고도 관련이 없어 보이는 사건들의 중심이 된다.

Ghostwritten, David Mitchell, Vintage, 2007
《유령이 쓴 책》, 데이비드 미첼, 문학동네, 2009년

050
시드니 셸던 Tell Me Your Dreams 텔미 유어 드림

She was twenty years old. She could be plain-looking, attractive or stunningly beautiful, depending on her mood or how she was feeling about herself. But she was never simply pretty. Part of her charm was that she was completely unaware of her looks.

그녀는 스무 살이었다. 자신의 기분이나 스스로에 대한 감정에 따라서 그녀는 평범해 보일 때도 있었고, 매력 있어 보일 때도 있었으며, 놀라울 정도로 아름다울 때도 있었다. 하지만 그녀는 결코 단순히 표면적으로 예쁜 것만은 아니었다. 그녀의 매력 중 하나는, 자신이 얼마나 예쁜지 전혀 인지하지 못한다는 점이었다.

＊＊＊

겉모습만으로 아름다움을 말할 수 없다. 자신의 아름다운 외모를 의식하지 않은 채 내면의 순수함과 진실함까지 갖추고 있는 '의식하지 않는 completely unaware 내적·외적 아름다움'을 가진 존재에 관해 문학적으로 묘사하고 있다.

plain-looking 평범하게 생긴 | stunningly 놀랍도록, 충격적으로 | depending on ~에 따라 | mood 기분 | simply 단순히 | charm 매력 | unaware of ~를 알지 못하는 | looks 외모

completely unaware of her looks

시드니 셸던Sidney Sheldon은 소설은 물론 TV와 영화 등 다양한 미디어를 통해 활발히 활동했던 미국의 작가이자 프로듀서이다. 《Tell Me Your Dreams텔미 유어 드림》는 1998년에 발표된 심리 스릴러 소설로, 세 명의 주요 인물들을 따라가며 이야기가 전개된다.

애슐리 패터슨은 실리콘 밸리의 첨단 기술 회사에서 일하는 아름답고 내성적인 여성으로 성공적인 경력을 쌓고 있지만 항상 누군가에게 감시당하고 있다는 두려움을 느낀다. 토니 프레스콧은 자신감 넘치고 활기찬 여성으로, 애슐리와 같은 회사에서 일하며 자유분방한 성격에 모험을 좋아한다. 알렛 피터즈는 부드럽고 예술적인 성향을 가진 여성으로 차분한 성격과 그림을 그리는 재능을 지닌 인물이다. 이야기는 남성들이 잔인하게 살해되는 일련의 사건들로 시작한다. 경찰은 이 살인 사건들이 모두 애슐리와 관련이 있다고 생각하지만, 애슐리는 무죄를 주장한다.

Tell Me Your Dreams, Sidney Sheldon, Willam Morrow, 2010
《텔미 유어 드림》, 시드니 셸던, 문학수첩, 2010년

051
크리스틴 해나 The Things We Do for Love 사랑을 위하여

Life has a way of going on, and you do your best and move with it. A broken heart heals. Like every wound, there's a scar, a memory, but it fades. Finally you realize that an hour has passed without your thinking about it, then a day.

인생은 흘러가게 되어 있고, 우리는 최선을 다해 그 흐름을 따라간다. 상처받은 마음은 치유된다. 모든 상처가 그러하듯 상흔과 기억이 남지만, 그것 또한 서서히 사라진다. 그러다가 마침내 깨닫는다. 더 이상 그 상처에 대한 생각 없이 한 시간이 흘렀다는 사실을. 나중에는 하루가 그렇게 흘러갔다는 사실을.

* * *

시간은 멈추지 않고 흐른다. 시간을 멈출 수 없으므로 우리도 시간을 따라 흘러간다. 마음의 상처도, 기억도 시간을 따라 사라진다 it fades. 그렇게 시간이 주는 회복을 통해서 우리는 일상으로 다시 돌아간다.

have a way of 자연스럽게 ~의 방법이 있다, 어떻게든 ~가 되다 | broken heart 상심 | heal 치유되다 | wound 상처 | scar 마음의 상처, 상흔 | fade 점점 사라지다

there's a scar, a memory, but it fades

《The Things We Do for Love 국내 미출간》는 2004년에 발표된 크리스틴 해나의 소설로, 앤젤라 앤지 말론이라는 여성을 중심으로 이야기가 전개된다. 불임 문제로 결혼 생활이 파탄 난 후 고향으로 돌아온 그녀는 가족이 운영하는 이탈리안 레스토랑을 관리한다. 그러던 중 앤지는 어려운 환경에서 자란 고등학생 로렌을 만난다. 로렌은 똑똑한 소녀이지만 방임적인 싱글 맘 아래에서 힘든 삶을 살고 있다. 앤지와 로렌은 깊은 유대감을 만들어 가고, 앤지는 로렌에게서 자신이 갈망했던 모성의 역할을 찾는다. 하지만 로렌이 임신하면서 두 사람의 관계는 복잡해진다.

The Things We Do for Love, Kristin Hannah, Ballantine Books, 2009

052
니콜라스 스파크스 A Bend in the Road 굽은 길

Where does a story truly begin? In life, there are seldom clear-cut beginnings, those moments when we can, in looking back, say that everything started. Yet there are moments when fate intersects with our daily lives, setting in motion a sequence of events whose outcome we could never have foreseen.

이야기는 정녕 어디에서 시작되는 것일까? 현실 세계에서는 명확한 출발점을 좀처럼 찾기 힘들다. 되돌아봤을 때 '모든 게 그때 시작됐어.'라고 말할 수 있는 그런 순간들 말이다. 하지만 때로는 운명이 일상과 교차하면서 우리가 도저히 예측할 수 없었던 결과로 이어지는 일련의 사건들을 움직이기 시작하는 때가 있다.

* * *

삶의 연속선상에서 어떤 사건의 명확한 발화점은 종종 모호하다. 하지만 그런 평범한 흐름 속에 운명이 개입하는 순간 fate intersects with our daily lives, 삶은 이전과 다른 방향으로 흘러가게 되며, 나중에야 그 교차점이 발화점이었다는 것을 알게 된다.

truly 정확히, 정말로 | seldom 좀처럼 없는, 거의 아닌 | clear-cut 명확한 | look back 되돌아보다 | fate 운명 | intersect with ~와 교차하다 | set in motion ~에 시동을 걸다, ~를 움직이게 하다 | sequence 일련의 연속적인 사건들 | outcome 결과 | foresee 예견하다

fate intersects with our daily lives

《A Bend in the Road 국내 미출간》는 니콜라스 스파크스가 2001년에 발표한 소설로, 사랑과 상실, 새출발을 다룬다. 주인공 마일스 라이런은 노스캐롤라이나주의 작은 마을에서 경찰로 일하고 있고, 초등학생 아들이 있다. 최근에 아내 캐리가 사고로 세상을 떠나면서 그의 삶이 완전히 바뀐다. 한편, 초등학교 교사인 사라 앤드루스는 최근 이혼을 한 후 학교를 옮겨 새로운 삶을 시작한다. 그녀가 마일스 아들의 담임을 맡게 되면서, 마일스와 사라는 자연스럽게 만난다. 두 사람은 서로의 아픔과 상처를 이해하며 서로에게 도움을 주지만, 마일스는 여전히 아내의 죽음에서 헤어나지 못하고 있다.

A Bend in the Road, Nicholas Sparks, Sphere, 2011

053

리안 모리아티 Nine Perfect Strangers 아홉 명의 완벽한 타인들

Sometimes your life changes so slowly and imperceptibly that you don't notice it at all, until one day you wake up and think: How did I get here? But other times life changes in an instant, with a lightning stroke of good or bad luck, with glorious or tragic consequences.

때때로 인생은 너무 느리게 그리고 미세하게 변하기 때문에 그 변화를 전혀 눈치채지 못하다가 어느 날 정신 차리고 생각한다. '내가 어떻게 이 자리까지 오게 된 거지?' 그러나 인생이 순식간에 변할 때도 있다. 벼락같이 갑작스럽게 행운이나 불운을 겪으며. 영광스러운, 또는 비극적인 결과를 맞이하면서.

***

삶의 느린 흐름과 미세한 변화들 속에 어느 날 갑자기 벼락같은 격변을 맞이할 수 있는 with a lightning stroke of good or bad luck 우리의 삶을 어떻게 이해하고 받아들일 수 있을지, 그리 어렵지 않은 단어들로 존재론적 성찰을 끌어내는 저자의 필력이 놀랍다.

imperceptibly 감지할 수 없을 정도로, 미세하게 | notice 눈치채다 | wake up 정신을 차리다 | in an instant 당장, 즉시 | lightning stroke 벼락 | glorious 영광스러운 | tragic 비극적인 | consequence 결과

with a lightning stroke of good or bad luck

《Nine Perfect Strangers 아홉 명의 완벽한 타인들》는 리안 모리아티가 2018년에 발표한 소설로, 호주의 외딴 지역에 있는 고급 웰빙 리조트인 트랭퀼럼 하우스에서 일어나는 일을 그리고 있다. 이야기는 10일간의 피정 retreat을 위해 리조트에 도착한 아홉 명의 인물을 중심으로 전개된다. 이들은 각자 다른 목적에서 피정에 참여했다. 수수께끼 같고 카리스마 넘치는 마샤 드미트리첸코는 이 피정의 운영자이다. 마샤와 직원들은 손님들에게 피정을 통한 극적인 변화를 약속하지만, 시간이 지나면서 손님들은 마샤의 방법에 의문을 품게 된다. 그러면서 평범해 보였던 피정은 점차 긴장되고 예측할 수 없는 방향으로 흘러간다.

Nine Perfect Strangers, Liane Moriarty, Penguin, 2018
《아홉 명의 완벽한 타인들》, 리안 모리아티, 마시멜로, 2023년

054
크리스틴 해나 Winter Garden 윈터 가든

We women make choices for others, not for ourselves, and when we are mothers, we bear what we must for our children. You will protect them. It will hurt you; it will hurt them. Your job is to hide that your heart is breaking and do what they need you to do.

우리 여자들은 타인을 위한 선택을 하지 우리 자신을 위한 선택은 하지 않는다. 어머니가 되면 아이들을 위해 해야만 하는 것들을 감당한다. 아이들을 보호하는 것이 우리의 중요한 책임이다. 그 과정에서 우리가 상처받을 수 있으며 아이들도 상처받을 수 있다. 우리가 할 일은 상처받고 있다는 사실을 숨기고 아이들이 필요로 하는 일들을 해내는 것이다.

* * *

자신보다는 타인을 위한 선택에서 오는 희생, 그리고 자신의 아픔은 숨기고 아이들을 우선시하는 데에서 오는 심리적 억눌림 we bear what we must을 쉬운 어휘들로 담담하게 써 내려간 글의 흐름이 좋다.

make choices for ~를 위한 선택을 하다 | bear 참고 견디다. 감당하다 | protect ~를 보호하다 | hide ~를 숨기다

we bear what we must

《Winter Garden 국내 미출간》은 크리스틴 해나가 2010년에 발표한 소설로, 현대의 가족 드라마와 제2차 세계 대전 중 러시아를 배경으로 한 역사적 서사가 교차하는 작품이다. 이야기는 윗슨 가족, 특히 어머니인 아냐 윗슨과 두 딸인 메러디스와 니나의 관계를 중심으로 전개된다. 아냐는 두 딸을 정서적으로 냉담하게 대하고, 가족 간에는 틈이 생긴다. 첫째 메러디스는 아버지의 사망 후 가족의 농장을 맡아 운영하고 있다. 둘째 니나는 사진기자로 세계를 여행하며 가족에 대한 책임과 감정적 얽힘을 피해 자유롭게 살고 있다. 아버지 에반은 가족을 하나로 묶는 존재였기에 그의 죽음으로 가족들은 표류하게 된다. 죽기 전 에반은 딸들에게 어머니로부터 과거의 이야기를 반드시 들으라는 약속을 받아낸다. 그것은 그녀가 수십 년 동안 감춰왔던 비밀 이야기였다. 아냐는 마지못해 딸들에게 러시아 동화를 들려주기 시작한다. 그 동화는 단순한 동화가 아니라 제2차 세계대전 당시 레닌그라드 포위전 the Siege of Leningrad에서 그녀가 겪었던 참혹한 경험을 은유적으로 담고 있는 이야기였다.

Winter Garden, Kristin Hannah, St. Martin's Press, 2010

055
존 그리샴 Sycamore Row 속죄나무

In the sixth chapter of the Gospel of Luke, Jesus teaches the importance of forgiveness. He knows we're human and our natural tendency is to seek revenge, to strike back, to condemn those who hurt us, but this is wrong. We're supposed to forgive, always.

누가복음 6장에서 예수님은 용서의 중요성을 가르친다. 우리는 인간이며 우리의 본능적 성향은 복수할 기회를 노리고, 맞으면 반격하고, 우리에게 상처 준 사람들을 비난하게끔 되어 있지만, 이 건 모두 잘못된 것이라는 사실을 예수님은 잘 알고 있다. 우리는 원래 용서하게끔 만들어진 존재이 다, 항상.

***

'용서하라 그리하면 너희가 용서를 받을 것이요.'(누가복음 6장) 인간은 감정적이고 상처받기 쉽 다. 그래서 복수심을 갖고 남을 비난한다. 그러나 우리는 용서하게끔 만들어졌다we're supposed to forgive. 우리는 용서를 통해 상처받은 감정에서 해방되고 내면적으로 회복하게끔 되어 있다.

---

human 인간의, 인간 | natural tendency 본능적 성향 | seek revenge 복수를 추구하다, 복수할 기회를 노리다 | strike back 반격하다 | condemn ~를 비난하다 | those who ~한 사람들 | be supposed to 원래 ~하기로 되어 있다, ~를 전제로 존재하다

we're supposed to forgive, always

《Sycamore Row속죄나무》는 존 그리샴이 2013년에 발표한 법정 스릴러 소설이다. 그의 첫 소설인《A Time to Kill타임 투 킬》의 속편으로, 주인공인 변호사 제이크 브리갠스가 다시 등장한다. 이야기는 미시시피주의 가상 도시 클랜턴을 배경으로《A Time to Kill》의 사건 이후 3년이 지난 시점에 시작된다. 제이크는 재정적으로 어려움을 겪고 있으며 이전 재판의 여파가 아직 남아 있다. 그러던 중 부유하지만 은둔 생활을 하던 세스 허버드라는 남성의 자필 유언장을 받게 되면서 제이크의 인생은 급격히 바뀐다. 허버드의 유언장에는 거의 전 재산을 흑인 가정부인 레티 랭에게 남기고 자식들과 손자들은 상속자로서 모두 제외한다는 내용이 담겨 있다. 이 유언장은 치열한 법적 공방을 불러일으킨다.

Sycamore Row, John Grisham, Anchor, 2013
《속죄나무》, 존 그리샴, 문학수첩, 2014년

시드니 셀던 Are You Afraid of the Dark? 어두울 때는 덫을 놓지 않는다

There are dozens of Third World countries that have no access to modern methods of agriculture and manufacturing. There's a saying that if you give a man a fish, he can have a meal. If you teach him to fish, he can eat for the rest of his life.

많은 제3세계 국가가 농업과 제조업의 현대적 방식에 접근조차 못 하고 있다. 이런 말이 있다. 사람에게 물고기 한 마리를 주면 한 끼 식사를 할 수 있고, 낚시법을 가르쳐 주면 평생을 먹고 살 수 있다.

* * *

도움은 일시적인 것과 장기적인 것이 있다. 특히 장기적인 도움을 주기 위해서는 도움받는 사람이 자립할 수 있도록 기술이나 지식access to modern methods을 지원해야 한다는 실용적인 메시지를 전하고 있다.

dozens of 수십의, 많은 | access to ~에의 접근 | modern methods 현대적 방법, 최신 방법 | agriculture 농업 | manufacturing 제조업 | There's a saying 이런 말이 있다 | fish 낚시하다

have no access to modern methods

《Are You Afraid of the Dark?어두울 때는 덫을 놓지 않는다》는 2004년에 발표된 시드니 셸던의 소설이다. 이야기는 두 여성 다이앤 스티븐스와 켈리 해리스를 중심으로 전개된다. 이들은 각자의 남편이 갑작스럽게 사망한 후 처음 만나게 되는데, 곧 남편들이 같은 다국적 기업에서 일했으며 그들의 죽음이 단순한 사고가 아니라는 사실을 알게 된다. 두 사람은 남편들의 죽음에 얽힌 미스터리를 조사해 가면서, 자신들도 목표물이 되고 있다는 사실을 깨닫고 살기 위해 도망 다닌다.

Are You Afraid of the Dark?, Sidney Sheldon, Willam Morrow, 2009
《어두울 때는 덫을 놓지 않는다》, 시드니 셸던, 북앳북스, 2004년

캔디스 부시넬 The Carrie Diaries 캐리 다이어리

Don't sweat the small stuff. Don't beat yourself up about things. Because when you do, you lose twice. You've lost what you've lost, but then you also lose your perspective. Because life happens to people. Life is bigger than people. It's all about nature. The life cycle…It's out of our control.

작은 일에 너무 연연하지 말아요. 지나치게 자책하지 말아요. 그렇게 하면 결국 두 번 손해 보는 겁니다. 이미 잃은 건 잃은 거지만, 거기에 더해 세상을 바라보는 균형감각까지 잃게 되니까요. 인생은 누구에게나 예고 없이 찾아옵니다. 인생은 우리의 힘이나 의지로 통제할 수 없을 만큼 큽니다. 인생은 온전히 자연의 이치에 따라 흘러갑니다. 인생 순환… 그건 우리의 통제 밖에 있는 일입니다.

***

삶은 우리가 통제할 수 없다. 작은 일에 집착하면sweat the small stuff 삶을 바라보는 균형감각마저 상실하게 된다. 고통이 배가되는 것이다. 삶의 흐름을 수용하며 무의미한 자책은 하지 말자.

sweat the small stuff 작은 일에 땀을 내다, 작은 일에 신경 쓰다 | beat oneself up 자책하다 | perspective 균형감각, 관점 | happen 우연히 일어나다 | about nature 자연과 관계 있는 | life cycle 인생 순환, 생활 주기 | out of one's control 통제를 벗어난, 통제할 수 없는

don't sweat the small stuff

캔디스 부시넬Candace Bushnell은 드라마로도 엄청난 인기를 얻었던《Sex and the City섹스 앤 더 시티》로 세계적으로 알려진 미국 작가이다. 2010년에 발표된《The Carrie Diaries캐리 다이어리》는《Sex and the City》의 전편prequel이다.
1980년대 초를 배경으로 작은 마을에서 성장하는 캐리 브래드쇼가 가족 문제와 친구 관계, 사랑의 복잡함을 경험하는 과정을 그린다. 캐리가 고등학교의 마지막 해를 보내면서 작가로서의 꿈을 향해 나아가는 모습과 뉴욕으로 이사 가기 전의 고민을 중심으로 이야기가 전개된다. 소설 내내 캐리는 친구들의 배신, 연애의 기쁨과 아픔 등을 겪으며 자신의 목소리와 독립성을 발견하기 시작하고, 이는 나중에《Sex and the City》의 강하고 독립적인 여성으로 성장하는 데 영향을 미친다.

The Carrie Diaries, Candace Bushnell, HarperCollins, 2010
《캐리 다이어리》, 캔디스 부시넬, 북에이드, 2011년

058
바바라 오닐 The Lost Girls of Devon 데번의 여인들

My dad told me a long time ago that the reason a lot of people fall on their faces is because they can't handle big things without booze or drugs. You have to figure out how you can face things that hurt or burn or even make you really happy.

아버지가 오래전에 내게 말씀하셨다. 많은 사람들이 실패하는 이유는 큰일을 술이나 약물 없이 감당하지 못해서라고. 자신에게 상처나 고통을 주는 일이거나, 심지어 정말 기쁜 일이라 해도 그것들을 (술이나 약물의 도움 없이) 어떻게 감당해 낼 수 있을지 스스로 방법을 찾아야 한다고.

* * *

우리는 감정에 압도되는 상황에서 술과 약물booze or drugs에 의존하며 그 감정을 회피하는 경향이 있다. 그런 우리에게는 감정조절 능력이 절대적으로 필요하며, 그 능력으로서 심리적 성장을 이룰 수 있다.

---

fall on one's face 엎어지다, 완전히 실패하다 | big things 큰 문제들 | booze 술 | drug 약물 | figure out 생각해 내다, 끝까지 제대로 판단하다 | face things 문제에 직면하다, 문제에 부딪혀 나가다 | hurt 상처 주다 | burn 고통을 주다

handle big things without booze or drugs

바바라 오닐Barbara O'Neal은 영국 시골이나 미국 남서부처럼 자연 경관이 아름다운 장소들을 배경으로 하는 감동적인 이야기들로 잘 알려진 미국 작가이다. 《The Lost Girls of Devon국내 미출간》은 영국 데번의 아름다운 시골 마을을 배경으로 가족, 우정, 사랑, 미스터리를 다룬 감동적이고 따뜻한 이야기이다.
주인공은 어린이책 삽화가인 조이 페어차일드이다. 그녀는 병든 할머니 릴리안을 위해 고향으로 돌아온다. 하지만 조이는 어머니 포피와의 관계가 그리 좋지 않다. 조이의 어린 시절 절친이었던 다이애나는 조이의 할머니를 돌보던 친구다. 그녀의 갑작스러운 실종으로 인해 마을의 오래된 비밀과 케케묵은 문제들이 드러나기 시작한다.

The Lost Girls of Devon, Barbara O'Neal, Lake Union Publishing, 2020

059
조조 모예스 Me Before You 미비포유

Everything takes time. And that's something that your generation finds it a lot harder to adjust to. You have all grown up expecting things to go your way almost instantaneously. You all expect to live the lives you chose. Especially a successful young man like yourself. But it takes time.

모든 일에는 시간이 필요해. 그런데 너희 세대는 그 사실에 적응하기를 훨씬 더 힘들어하는 것 같아. 너희는 원하는 일이 거의 즉시 이루어질 거라고 기대하며 자라왔어. 너희는 과거에 너희가 선택한 삶을 살게 되기를 기대하지. 특히 너처럼 성공한 젊은이라면 더더욱 그렇지. 하지만 모든 일에는 다 시간이 걸리는 법이야.

* * *

모든 일에는 장기적 계획, 지속적인 노력이 필요하다. 원하는 길을 가고 싶어도 현실은 원래 쉽게 용납해 주지 않는다. 이른 성공은 자칫 자만과 잘못된 판단으로 이어질 수 있으니 조심해야 한다. 성급한 성공 go your way almost instantaneously에 진짜는 없다.

take time 시간이 걸리다 | generation 세대 | adjust to ~에 적응하다 | grow up 성장하다 | expect ~를 기대하다 | go one's way ~의 뜻대로 되다 | instantaneously 즉각, 순간적으로

go your way almost instantaneously

《Me Before You 미 비포 유》는 2012년에 발표된 조조 모예스의 소설로, 2016년에는 영화로 제작되었으며, 모예스가 직접 각본을 썼다. 이야기는 루이자 루 클라크와 비극적인 사고로 사지가 마비된 부유한 남자 윌 트레이너의 관계를 중심으로 전개된다. 루이자는 영국의 작은 마을에 사는 그다지 야망 없는 젊은 여성으로, 가족을 부양하기 위해 카페에서 일하다가 카페가 문을 닫으면서 새로운 일자리를 찾고, 곧 윌 트레이너의 간병인으로 일한다. 윌은 삶에 대한 의지를 잃고 타인에게 의존해야 하는 자신의 처지에 대해 분개하고 있다.

Me Before You, Jojo Moyes, Penguin Books, 2012
《미 비포 유》, 조조 모예스, 다산책방, 2024년

060
니콜라스 스파크스 Two by Two 투바이투

I'm not a wise man. I'm not unintelligent, mind you. But wisdom means more than being intelligent, because it encompasses understanding, empathy, experience, inner peace, and intuition, and in retrospect, I obviously lack many of those traits. Here's what else I've learned: Age doesn't guarantee wisdom, any more than age guarantees intelligence.

나는 지혜로운 사람이 아니다. 그렇다고 또 지능이 없는 것도 아니다. 하지만 지혜는 지능 이상을 의미한다. 지혜는 이해와 공감, 경험, 평정심, 직관을 포함하기 때문이다. 돌이켜보면 나는 분명 그런 자질 중 많은 것이 부족하다. 여기 내가 알게 된 또 다른 것이 있다. 나이가 지능을 보장하지 않듯이, 나이는 지혜를 보장하지 않는다는 것이다.

* * *

흔히 지혜와 지능을 혼동하지만, 지혜는 지능과 별개이다. 나이 든다고 저절로 생기는 것도 아니며 age doesn't guarantee wisdom, 이해, 공감, 경험, 직관, 내면의 평화 등을 통해서 얻을 수 있기에 살아가면서 스스로 쌓아야 하는 것이다.

unintelligent 영리하지 못한 | mind you 그렇다고, 그러니까 | wisdom 지혜 | encompass ~를 포함하다 | empathy 공감 | inner peace 내적 평화, 평정심 | intuition 직관 | in retrospect 돌이켜보면 | obviously 분명히 | lack ~가 부족하다 | trait 자질, 특성 | any more than ~가 아닌 것처럼 | guarantee 보장하다, 보증하다 | intelligence 지능

age doesn't guarantee wisdom

《Two by Two 국내 미출간》는 2016년에 발표된 니콜라스 스파크스의 소설이다. 주인공 러셀은 남 부러울 것 없이 모든 것을 다 갖춘 삶을 살고 있는 듯하다. 아름다운 아내 비비안, 사랑스러운 딸 런던, 편안한 생활. 그러나 예상치 못한 일들을 맞닥뜨리면서 그의 완벽해 보이는 삶은 서서히 무너진다. 비비안과의 사이는 멀어지고 비비안이 회사 일에 집중하게 되면서 러셀은 집안일에 더 신경 써야 하는 상황이다. 설상가상으로 러셀은 직장에서 해고까지 당한다. 러셀은 딸을 통해 아버지로서의 기쁨을 발견하고, 이 과정에서 가족, 특히 누나인 마지와 그의 파트너 리즈로부터 지지와 사랑을 받는다.

Two by Two, Nicholas Sparks, Grand Central Publishing, 2016

061
메리언 키스 Grown Ups 중년의 위기

Should you live each second to the full, grabbing every opportunity and making as many precious memories as possible? Or should you carefully salt resources away, having a comfortable buffer zone in place, in the event that disaster struck? It was impossible to decide, because you never knew what was coming down the tracks.

매 순간 전력을 다해 살아야 하는가? 기회가 보일 때마다 붙잡고, 가능한 한 많은 소중한 추억을 만들어야 할까? 아니면, 언젠가 닥칠지 모를 불행에 대비해 자원을 아껴두고, 안전망을 마련해 두는 게 더 현명한 걸까? 결정하기는 불가능했다. 미래에 어떤 일이 일어날지는 결코 알 수 없으니까.

* * *

어떻게 살아야 하는가에 대한 근본적인 질문 앞에서 항상 고민하게 된다. 현재에 전력투구해야 할지, 미래를 위해 준비해야 할지. 그 누구도 미래를 예측할 수 없기에 what was coming down the tracks 이 고민에 대한 정답은 없다. 현재를 살되 미래를 잊지 말고, 미래를 준비하되 현재를 놓치지 않아야 한다.

each second 매순간 | to the full 전력을 다해서 | grab every opportunity 모든 기회를 잡다 | salt away 비축하다 | resources 자산 | buffer zone 완충 지대 | have something in place 뭔가 있어야 할 자리에 놓다 | in the event that ~의 경우에 대비해서 | disaster 절망, 불행 | down the tracks 시간이 지나서, 미래에, 결국

you never knew what was coming down the tracks

《Grown Ups국내 미출간》는 2020년에 발표된 메리언 키스의 작품으로, 복잡한 가족 관계와 비밀, 그리고 늘 남의 눈에 그럴듯하게 보여야 한다는 압박감 등을 다룬 소설이다. 이야기는 케이시 가문의 조니, 에드, 리암 세 형제와 그들의 가족을 중심으로 전개된다. 케이시 형제들은 각자 나름의 방식으로 성공한 사람들로 가족 행사를 자주 함께하며 겉으로는 완벽해 보인다. 그러나 이 겉모습 아래에는 긴장감과 비밀, 해결되지 않은 문제들이 얽혀 있다. 가족 저녁 식사 시간에 조니의 아내인 카라가 뇌진탕을 일으키며 이야기가 시작된다. 이 일로 카라는 자제력을 잃고 모두가 말하지 못했던 진실을 내뱉는다. 이어서 그동안 가족들이 숨겨왔던 사건들이 하나하나 밝혀진다.

Grown Ups, Marian Keyes, Penguin, 2020

댄 브라운 The Da Vinci Code 다빈치 코드

History is always written by the winners. When two cultures clash, the loser is obliterated, and the winner writes the history books—books which glorify their own cause and disparage the conquered foe. As Napoleon once said, "What is history, but a fable agreed upon?" By its very nature, history is always a one-sided account.

역사는 언제나 승자들에 의해서 쓰인다. 두 개의 문화가 충돌할 때 패자는 흔적 없이 지워지고 승자가 역사를 기록한다. 그 기록은 승자의 대의명분을 미화하고 패자를 깎아내린다. 나폴레옹이 말했던 것처럼, '역사란 무엇인가? 합의된 우화에 불과한 것 아닌가?' 본질적으로 역사는 언제나 한쪽의 일방적인 기술일 뿐이다.

* * *

역사를 쓰는 승자들은 자신의 행동을 정당화하고 자기합리화를 꾀한다. 이렇게 역사는 합의된 우화 a fable agreed upon, 기억의 선택적 구성이 된다. 역사를 바라보는 다양한 시각 중 하나로 기억할 만하다.

clash 충돌하다 | obliterate 없애다, 지우다 | glorify ~를 미화하다 | cause 이유, 대의명분 | disparage ~를 폄하하다 | conquered foe 정복당한 적 | fable 우화 | agree up ~에 대해 의견을 같이 하다 | by its nature 본질적으로, 본질상 | one-sided account 일방적인 설명[기술, 해석]

what is history, but a fable agreed upon?

《The Da Vinci Code다빈치 코드》는 2003년에 발표된 댄 브라운의 작품으로, 역사적 미스터리와 종교적 음모를 주제로 대중의 엄청난 관심을 불러일으켰고 영화화되어 큰 성공을 거두기도 했다. 파리의 루브르 박물관 관장인 자크 소니에르가 살해되면서 이야기가 시작된다. 죽기 전 소니에르는 복잡한 암호 같은 단서를 남긴다. 하버드 대학교의 기호학자인 로버트 랭던이 이 단서를 해독하기 위해 현장에 호출되고, 그는 프랑스의 암호학자이자 할아버지와 관계가 소원해졌던 소니에르의 손녀인 소피 느뵈와 함께 사건을 조사한다. 두 사람은 소니에르가 성배Holy Grail와 관련된 강력한 비밀을 지키는 비밀 조직 시온 수도원의 대사제였음을 알게 된다.

The Da Vinci Code, Dan Brown, Vintage, 2003
《다빈치 코드》, 댄 브라운, 문학수첩, 2013년

063

크리스틴 해나 The Great Alone 나의 아름다운 고독

Leni saw suddenly how hope could break you, how it was a shiny lure for the unwary. What happened to you if you hoped too hard for the best and got the worst? Was it better not to hope at all, to prepare? Wasn't that what her father's lesson always was? Prepare for the worst.

레니는 갑자기 깨달았다. 희망이 우리를 어떻게 무너뜨릴 수 있는지, 희망이 경솔한 사람들에게 얼마나 반짝이는 유혹인지를. 최고를 너무도 간절히 바랐는데 최악의 결과를 얻게 된다면 어떻게 될까? 희망을 전혀 품지 않고 그저 대비만 하는 것이 더 나을까? 아버지의 교훈이 항상 그랬지 않았던가? 최악의 상황에 대비하라는.

* * *

희망은 반짝이는 유혹 a shiny lure. 과도한 희망을 품으면 그 희망이 이루어지지 않았을 때 극도의 상처를 받고 절망에 빠질 수 있다. 그렇다면 희망은 갖지 않고 최악의 경우를 대비하는 것이 옳은 것일까?

---

break (삶의 의지를) 무너뜨리다 | shiny lure 빛나는 유혹 | unwary 경솔한, 부주의한 | the unwary 경솔한 사람들 | hope hard 간절히 바라다 | prepare 준비하다, 대비하다 | lesson 교훈

how it was a shiny lure for the unwary

《The Great Alone 나의 아름다운 고독》은 2018년에 발표된 크리스틴 해나의 역사 소설로, 1970년대를 배경으로 올브라이트 가족의 이야기를 다루고 있다. 소설의 중심에는 10대 소녀 레니 올브라이트와 그녀의 부모 언트와 코라가 있다. 베트남 전쟁에서 돌아온 언트는 PTSD Post-traumatic Stress Disorder, 심리적 외상 후 스트레스 장애로 고통받으며 가족의 삶을 불안정하게 만든다. 이 가족은 알래스카의 외딴 황야로 이주해 자급자족하며 새로운 삶을 시작하려 한다. 그러나 알래스카의 가혹한 환경과 점점 심해지는 언트의 정신 불안정이 가족의 평화를 미묘하게 위협한다. 겨울이 다가오면서 어둡고 고립된 시간이 시작되자 언트의 행동은 점점 더 불안정해지고, 가족들은 생존의 기로에 선다.

The Great Alone, Kristin Hannah, St. Martin's Press, 2018
《나의 아름다운 고독》, 크리스틴 해나, 나무의철학, 2018년

064
더글라스 케네디 Leaving the World 리빙 더 월드

We try so hard to put our mark on things, we like to tell ourselves that what we do has import or will last. But the truth is, we're all just passing through. So little survives us. And when we're gone, it's simply the memory of others that keeps our time here alive.

우리는 세상에 흔적을 남기기 위해서 열심히 노력하며 지금 우리가 하는 일이 매우 중요하거나 오래 기억될 일이라고 자위한다. 그러나 우리는 모두 이 세상에서 그저 스쳐 지나가는 존재일 뿐이다. 우리가 세상을 떠난 후 남는 것은 거의 없다. 우리가 떠났을 때 과거 여기에서의 우리 시간이 계속 살아 있게 하는 건 그저 다른 사람들의 기억일 뿐이다.

＊＊

문학에서 반복되는 주제는 인생의 무상함이다. 우리는 모두 이 생을 그저 스쳐 지나가는just passing through 존재이다. 인간이 소망하는 자기 존재의 '흔적'은 살아 있는 누군가의 기억 속에나 잠시 머물 수 있다. 덧없는 삶이다.

put one's mark on ~에 흔적을 남기다 | have import 중요하다 | last 오랫동안 계속되다 | pass through 스쳐 지나가다 | so little 거의 없음 | be gone 떠나다, 세상을 떠나다 | keep something alive 뭔가 살아 있게 하다

we're all just passing through

《Leaving the World 리빙 더 월드》는 2009년에 발표된 더글라스 케네디의 소설로, 주인공 제인 하워드의 비극과 상실, 그리고 삶의 의미를 찾는 여정을 그린 작품이다. 제인은 어린 시절 아버지의 자살로 인해 깊은 상처를 안고 있다. 개인적 아픔에도 제인은 하버드 대학교의 교수가 되지만, 인생은 또 한 번 큰 변화를 맞이한다. 연인 테오와의 사이에 딸 에밀리를 낳는데, 테오가 에밀리가 태어난 후 그들을 버리고 떠난 것이다. 견딜 수 없던 제인은 모든 것을 뒤로 하고 세계 곳곳을 방황하다가 캐나다의 외딴 마을에 정착하고, 그곳에서 제인은 살인 사건에 휘말린다. 사건의 소용돌이 속에서 그녀는 자신의 과거를 되돌아보며 다시 제대로 된 삶을 살아갈 방법을 찾기 시작한다.

Leaving the World, Douglas Kennedy, Cornerstone Digital, 2009
《리빙 더 월드》, 더글라스 케네디, 밝은세상, 2013년

065
매튜 토마스 We Are Not Ourselves 나답지 않은 삶

When the world seems full of giants who dwarf you, when it feels like a struggle just to keep your head up, I want you to remember there is more to live for than mere achievement. It is worth something to be a good man. It cannot be worth nothing to do the right thing.

세상이 당신을 난쟁이처럼 만드는 거인들로 가득 찬 것 같을 때, 계속 고개를 들고 있는 것조차 힘들게 느껴질 때, 기억하세요. 삶은 단지 성취만을 위해서 사는 게 아니라는 걸요. 좋은 사람이 된다는 것은 아주 의미 있는 일입니다. 옳은 일을 하는 것이 아무런 가치가 없을 수는 없는 겁니다.

* * *

거대한 세상 속에서 내 삶이 보잘것없이 보인다 해도 full of giants who dwarf you, 선하고 정직한 삶은 분명 의미가 있고 그런 삶은 존중받기에 충분하다. 선한 인간이 되는 의미와 옳은 일을 해야 하는 당위성으로, 고요하고 단단한 존엄을 추구하는 삶이 표현되고 있다.

dwarf 왜소해 보이게 만들다 | struggle 힘든 일 | keep your head up 용기를 잃지 않다, 계속 자신감을 유지하다 | more to live for 삶의 목적이 더 많은 | mere 단순한 | achievement 성취 | something 중요한 것 | worth something 중요한 값어치가 있다 | do the right thing 옳은 일을 하다

the world seems full of giants who dwarf you

매튜 토마스Matthew Thomas는 2014년에 발표된 첫 소설 《We Are Not Ourselves국내 미출간》로 잘 알려진 미국 작가이다. 그는 뉴욕 퀸스에서 태어나고 자란 성장 배경과 가족의 경험에서 영감을 받아 이 작품을 집필했다.

주인공 에일린 투멀티는 1940년대에 퀸스에서 아일랜드 이민자 부모로부터 태어난다. 아버지는 알코올 중독자인 반면, 어머니는 간호사로서 열심히 일하며 에일린에게 더 나은 삶을 향한 열망을 심어준다. 어린 시절부터 에일린은 노동계급의 뿌리에서 벗어나 사회적 지위 상승에 대한 의지를 키워가며 부유하고 안정된 삶을 꿈꾼다. 에일린은 에드 리어리라는 이상주의적이고 머리가 뛰어난 과학자와 결혼한다. 에일린은 에드를 통해 자신이 꿈꾸던 부유하고 편안한 삶을 이룰 수 있을 거라 기대하지만, 에드는 소박한 삶에 만족하며 물질적 성공에는 별다른 관심을 보이지 않는다.

We Are Not Ourselves, Matthew Thomas, S&S/Marysue Rucci Books, 2014

066

조조 모예스 One Plus One 원 플러스 원

Sometimes, she told herself, life was a series of obstacles that just had to be negotiated, possibly through sheer act of will. She stared out at the muddy blue of the endless sea, gulped in the air, lifted her chin, and decided that she could survive this. She could survive most things.

그녀는 혼잣말했다. 때로 인생은 아마도 순전한 의지력으로 그저 극복하고 넘어가야 하는 일련의 장애물일 뿐이라고. 그녀는 끝없이 펼쳐진 탁한 푸른 바다를 응시하며 숨을 깊이 들이마시고 턱을 치켜들며 결심했다. 이 상황을 이겨낼 수 있다. 대부분 극복할 수 있다.

* * *

인생은 싸워서 이기는 게 아니라 조율하고 버티는 것이다. 인생의 끝없는 시련the muddy blue of the endless sea을 이겨내겠다는 결단과 내면 성장을 문학적 은유로 잘 설명하고 있다.

obstacle 장애물 | negotiate ~를 넘다, 극복하다 | possibly 가능한 대로, 아마도 | sheer 순수한, 순전한 | act of will 의지의 행위, 의지력 | stare out at 밖으로 ~를 응시하다 | muddy blue 우중충한 파란색 | gulp in the air 숨을 깊이 들이마시다 | lift ~를 들어올리다 | survive ~를 극복하다, 이겨내다 | most things 대부분의 일

the muddy blue of the endless sea

《One Plus One 원 플러스 원》은 2014년에 발표된 조조 모예스의 소설로, 현실의 어려움 속에서도 희망을 잃지 않고 가족과 사랑을 지키려는 주인공들의 여정을 그리고 있다. 제스 토마스는 두 아이를 홀로 키우는 싱글 맘이다. 그녀는 청소부와 바텐더 일을 하며 근근이 생계를 이어 간다. 수학 천재인 딸 탄지는 수학 경시대회에 출전할 기회가 주어졌지만, 대회 장소에 가는 여비를 댈 형편이 안 된다. 아들 니키는 학교에서 왕따를 당하며 힘든 시간을 보내고 있다. 한편, 에드 니콜스는 성공한 IT 사업가이지만 주식 부당거래로 곤경에 빠진다. 그는 자의 반 타의 반으로 제스의 가족을 도와 탄지가 대회에 참가할 수 있도록 장거리 여행을 함께 떠난다.

One Plus One, Jojo Moyes, Penguin Books, 2014
《원 플러스 원: 가족이라는 기적》, 조조 모예스, 살림, 2014년

067

제니 한 To All the Boys I've Loved Before 내가 사랑했던 모든 남자들에게

I think I see the difference now, between loving someone from afar and loving someone up close. When you see them up close, you see the real them, but they also get to see the real you. Love is scary: it changes; it can go away. That's part of the risk. I don't want to be scared anymore.

이제 그 차이를 알 것 같다. 누군가를 멀리서 사랑하는 것과 가까이서 사랑하는 것의 차이를. 가까이서 보면 그 사람의 진짜 모습을 보게 된다. 그러나 그 사람 또한 나의 진짜 모습을 보게 된다. 사랑은 무섭다. 사랑은 변하기 때문에. 사랑은 사라질 수 있기 때문에. 그것이 바로 사랑의 위험함이다. 나는 더 이상 무섭고 싶지 않다.

* * *

멀리서 바라보는 환상 속 사랑. 거기에는 단점이 보이지 않는다. 그러나 가까이서 사랑을 나누면 서로의 진짜 모습이 보인다. 그에 수반되는 상처와 두려움의 가능성. 사랑이 변하는 가능성it changes. 그런 두려움으로는 사랑할 수 없다.

difference 차이 | from afar 멀리서 | up close 바로 가까이에서 | real 진짜의, 실제의 | get to see ~를 보게 되다 | scary 무섭게 하는, 무서운 | go away 도망가다, 사라지다 | part of the risk 위험한 부분 | scared 무서워하는, 두려워하는 | not anymore 더 이상 아닌

love is scary: it changes; it can go away

제니 한Jenny Han은 미국에서 한국 이민자 부모님 사이에서 태어났으며, 청소년 소설 작가로 유명하다. 그녀의 작품 《To All the Boys I've Loved Before내가 사랑했던 모든 남자들에게》와 《The Summer I Turned Pretty 내가 예뻐진 그 여름》은 베스트셀러가 되었다.

내성적이고 조용한 성격의 고등학생 라라 진 코비는 과거에 자신이 짝사랑했던 남자들에게 비밀 연애편지를 쓴다. 그녀는 이 편지들을 누구에게도 보여주지 않을 생각으로 몰래 보관하지만, 어느 날 이 편지들이 의도치 않게 짝사랑했던 남자들에게 보내진다. 이 중에는 언니 마고의 전 남자 친구이자 라라 진이 아직도 좋아하는 조시도 포함되어 있었다. 조시와 맞닥뜨리는 일을 피하기 위해서 라라 진은 또 다른 편지의 수신자인 피터 카빈스키와 계획을 세운다. 피터는 최근에 여자 친구인 제너비브와 헤어졌는데, 그녀의 질투를 유발하고 라라 진의 체면을 지키기 위해 둘은 가짜 연애를 시작하기로 한다.

To All the Boys I've Loved Before, Jenny Han, Scholastic, 2018
《내가 사랑했던 모든 남자들에게》, 제니 한, 한스미디어, 2019년

068

루시 사이크스 The Knockoff 휴 그랜트도 모르면서

She sometimes wondered if people weren't letting social media dictate their entire lives. Did they choose to go to one party over another because it would look better on Instagram? Did they decide to read a story just so they could tweet about it? Have we all become so desperate to share everything that we've stopped enjoying our lives?

그녀는 가끔 궁금했다. 사람들이 소셜미디어에 의해 삶을 지배당하고 있는 건 아닌지. 가려 했던 파티 중에서 한 곳을 결정할 때는 파티에서 찍은 사진을 인스타그램에 올릴 때 더 근사하게 보일 것 같은 쪽으로 간 걸까? 사람들이 이야기를 읽는 이유는 그 내용을 트위터에 올리기 위해서였을까? 모든 것을 소셜미디어를 통해서 남과 공유하려는 생각이 너무도 간절해서 모두들 삶을 즐기는 것을 포기한 것일까?

* * *

SNS는 이제 남에게 보이기 위한 도구가 되었다. 갈수록 진실과는 멀어지는 나의 모습을 발견하기도 한다. 나를 드러내려 했던 것so desperate to share이 아이러니하게도 정체성의 혼란과 삶의 불만족이라는 결과를 낳기도 한다.

wonder if ~의 여부를 궁금해하다 | dictate ~를 좌우하나, 지배하다 | entire 전체의 | tweet about ~에 대해서 트위터(현재의 엑스)에 올리다 | desperate 간절한, 필사적인

so desperate to share everything

루시 사이크스Lucy Sykes는 영국 출신의 작가로, 패션업계에서 경력을 쌓은 패션 에디터이기도 하다. 2015년에 미국 출신의 작가이자 기자인 조 피아자Jo Piazza와 함께 《The Knockoff 휴 그랜트도 모르면서》를 공동 집필했다.

이야기는 유명 패션잡지의 40대 편집장인 이모젠 테이트를 중심으로 전개된다. 이모젠은 병가를 마치고 직장에 복귀하지만, 자신이 알던 직장은 이미 야심 찬 전직 비서 이브 모턴에 의해 완전히 바뀌어 있다. 이브는 20대 초반의 하버드 경영대학원 출신으로 잡지를 전통적인 종이 잡지에서 앱 중심의 소셜미디어 강자로 변모시키려는 야심을 품고 있다. 그러나 이전의 방식과 속도에 익숙한 이모젠은 새로운 디지털 세계의 끊임없는 요구에 당황한다. 시간이 지나면서 이모젠은 자신이 사랑하는 잡지를 이브의 냉혹한 비전으로부터 지키고자 한다.

The Knockoff, Lucy Sykes & Jo Piazza, Anchor, 2015
《휴 그랜트도 모르면서》, 루시 사이크스 & 조 피아자, 나무옆의자, 2016년

리안 모리아티 The Hypnotist's Love Story 당신이 내게 최면을 걸었나요?

Having a baby had been like starting a demanding new job and beginning a passionate love affair and moving to a new country with a different language and culture all at the same time. The baby filled her mind, her heart and her senses. She wanted to inhale her, to gobble her up.

아이를 낳는 것은 마치 수고가 많은 일에 손을 대면서 열정적인 연애를 시작하고, 동시에 다른 언어와 문화를 가진 나라로 이사하는 것 같다는 느낌이 들었다. 아기는 그녀의 생각, 그녀의 마음, 그녀의 모든 감각을 채웠다. 그녀는 아이의 모든 것을 들이마시듯 온전히 느끼고 싶었으며 아이가 너무 사랑스러워 꿀꺽 삼키고 싶을 정도였다.

* * *

아이의 탄생에서 비롯된 극적인 변화들, 육아하며 느끼는 낯설면서도 강렬한 감정, 거기에 더해서 아이에 대한 무한한 애착 inhale her, to gobble her up을 느낄 수 있다. 지극히 감성적인 글의 흐름과 깊은 사랑의 메시지가 좋다.

have a baby 아이를 낳다[갖다] | demanding 요구가 많은, 힘든 | passionate 열정적인 | love affair 연애, 정사 | move to ~로 이사 가다 | all at the same time 동시에 | mind 생각, 마음 | heart 마음, 심장 | inhale 들이마시다 | gobble up 완전히 집어 삼키다

inhale her, to gobble her up

리안 모리아티의 2011년 작품 《The Hypnotist's Love Story 당신이 내게 최면을 걸었나요?》는 성공한 최면 치료사 엘렌 오패럴의 이야기이다. 그녀는 최근 패트릭이라는 남자와 새롭게 연애를 시작하게 되는데, 그의 전 여자 친구 사스키아가 그들을 스토킹하고 있다는 충격적인 사실을 알게 된다. 패트릭과 사스키아의 관계가 끝난 지 몇 년이 지났지만, 사스키아는 여전히 패트릭과 엘렌의 주변을 맴돌며 그들의 일상을 방해하려 한다. 엘렌은 두려움이나 분노 대신 사스키아가 왜 이런 짓을 하는지 궁금하다.

The Hypnotist's Love Story, Liane Moriarty, Berkley, 2012
《당신이 내게 최면을 걸었나요?》, 리안 모리아티, 마시멜로, 2018년

070
스티븐 킹 If It Bleeds 피가 흐르는 곳에

I rarely give advice, it's almost always a waste of breath, but today I'll give some to you. Henry Thoreau said that we don't own things; things own us. Every new object—whether it's a home, a car, a television, or a fancy phone—is something more we must carry on our backs.

나는 거의 충고하지 않아. 충고해 봐야 거의 언제나 헛수고하는 꼴이니까. 그렇지만 오늘은 너에게 충고 좀 해야겠어. 헨리 소로는 이렇게 말했지. 우리가 물건을 소유하는 것이 아니라 물건이 우리를 소유하는 것이라고. 모든 새로 산 물건들, 그것이 집이든 자동차든 TV든 아니면 고급 전화기든, 그런 것들은 우리가 짊어지고 가야 하는 짐이 하나 더 느는 것일 뿐이야.

* * *

헨리 소로우의 말처럼, 소유는 곧 부담이 된다things own us. 삶을 편리하게 하는 물건들을 소유한다는 것은 결국 그만큼의 책임과 부담을 떠안는 것이다. 소유욕을 줄이고 비움 속에서 여유와 평화를 찾으라는 철학적 메시지이다.

rarely 거의 ~가 아닌 | a waste of breath 헛수고 | Henry Thoreau 헨리 소로우(미국의 수필가, 시인, 철학자) | own ~를 소유하다 | object 물건, 물체 | fancy 고급의, 값비싼 | something more 더 많은 부담이나 책임 | carry on our backs 등에 지고 다니다

we don't own things; things own us

스티븐 킹은 1974년에 첫 번째 소설 《Carrie캐리》를 발표한 이후로 60편 이상의 소설과 수많은 단편 소설을 집필했다. 2020년에 발표된 《If It Bleeds피가 흐르는 곳에》는 4편의 소설이 수록된 단편집이다. 이 글은 그중 첫 번째 단편인 《Mr. Harrigan's Phone해리건 씨의 전화기》의 일부이다.
청년 크레이그는 은퇴한 사업가인 해리건과 친구로 지낸다. 크레이그는 해리건의 일들을 돕고, 해리건은 고마움의 표시로 아이폰을 선물한다. 그들은 서로 문자 메시지를 주고받으며 친밀한 관계를 유지한다. 해리건이 죽자 크레이그는 해리건의 핸드폰을 관 속에 함께 묻는다. 그럼에도 크레이그는 해리건의 전화로 계속 문자를 보내는데, 놀랍게도 해리건으로부터 계속 답장이 온다.

If It Bleeds, Stephen King, Scribner, 2020
《피가 흐르는 곳에》, 스티븐 킹, 황금가지, 2021년

로렌 와이스버거 The Devil Wears Prada 악마는 프라다를 입는다

For most people, the ringing of a phone was a welcome sign. Someone was trying to reach them, to say hello, ask about their well-being, or make plans. For me, it triggered fear, intense anxiety, and heart-stopping panic. Some people considered the many available phone features to be a novelty, even fun. For me, they were nothing short of imperative.

사람들에게 전화벨 소리는 반가운 신호였다. 누군가 연락하고 가벼운 인사와 함께 안부를 묻거나 약속을 잡기 위한 시도였다. 하지만 내게 전화벨은 두려움과 극심한 불안, 심장이 멎는 듯한 공포를 유발했다. 어떤 사람들은 전화기의 다양한 기능을 신기하게 여기거나 재미있다고까지 여겼다. 그러나 나에게 그것들은 필수 그 자체였다.

* * *

기대와 현실의 괴리감과 압박이라는 심리적 문제가 전화벨 소리에 대한 화자의 공포감으로 표현되고 있다. 화자에게 전화는 부득이한 것에 지나지 않는 nothing short of imperative 존재인 것이다. 극한의 대비를 보이는 어휘 선정이 뛰어나고 짧게 끊기는 어구의 나열이 속도감을 준다.

reach ~에게 연락하다 | well-being 안부 | make plans 약속하다 | trigger ~를 유발하다 | fear 두려움 | intense anxiety 극심한 불안 | heart-stopping 심장을 멈추는 | panic 공포 | consider ~로 간주하다 | available 유용한 | phone features 전화기의 기능 | novelty 신기함, 참신한 것 | nothing short of ~와 다름없는 | imperative 필수적인, 반드시 해야 하는

nothing short of imperative

미국 작가 로렌 와이스버거Lauren Weisberger의 《The Devil Wears Prada악마는 프라다를 입는다》는 2003년에 발표된 소설로, 패션 산업의 화려한 이면과 그 속에서 벌어지는 긴장과 갈등을 다루고 있다. 이 작품은 출간 직후 큰 인기를 끌었으며, 2006년에는 영화화되어 더 큰 성공을 거두었다.

주인공 앤드리아 삭스는 갓 대학을 졸업하고 저널리스트가 되겠다는 꿈을 안고 뉴욕으로 이사하고, 패션 잡지사에서 일할 기회를 얻는다. 그러나 그녀가 맡은 일은 잡지의 전설적인 편집장 미란다 프리슬리의 개인 비서이다. 미란다는 패션업계에서 막강한 영향력을 가진 인물로 독단적이고 냉혹하며 까다롭기로 악명 높다. 앤디는 미란다의 지시에 따라 힘겨운 하루하루를 보내면서도 점차 패션 산업의 매력에 빠져들고, 자기 외모도 변해가는 것을 느낀다. 그러나 그녀가 변하면서 남자 친구를 비롯해 주변 사람들과 갈등이 생긴다.

The Devil Wears Prada, Lauren Weisberger, Random House, 2003
《악마는 프라다를 입는다》, 로렌 와이스버거, 문학동네, 2006년

오드리 니페네거 The Time Traveler's Wife 시간 여행자의 아내

I wish for a moment that Time would lift me out of this day, and into some more benign one. But then I feel guilty for wanting to avoid the sadness; dead people need us to remember them, even if it eats us, even if all we can do is say I'm sorry until it is as meaningless as air.

잠시나마 바란다. 시간이 나를 이 힘든 하루에서 꺼내어, 좀 더 편안한 날로 데려가 주기를. 하지만 이내 그 슬픔을 피하고 싶어 하는 내 바람에 죄책감이 든다. 죽은 사람들은 우리의 기억 속에 머무르길 바란다. 비록 그 기억이 우리에겐 고통이더라도, 비록 우리가 할 수 있는 게 '미안해'라고 말하는 것뿐이고, 그 말이 결국 공기처럼 아무 의미 없어질 때까지 반복되더라도.

*　*　*

상실감에서 벗어나고 싶다. 그런 내가 비열하다 느껴진다. 당신은 변함없는 나의 사랑을 바라고 있으련만. 사랑은 살아남은 자에게 기억으로 이어지고, 그 사랑이 남긴 굵은 상처가 살아남은 자의 슬픔이 된다.

benign 상냥한, 편안한 | feel guilty 죄책감을 느끼다, 미안한 마음이 들다 | avoid ~를 회피하다 | even if 비록 ~일지라도 | eat us 우리를 갉아먹다, 우리를 고통스럽게 만들다 | meaningless 의미 없는

it is as meaningless as air

오드리 니페네거Audrey Niffenegger는 미국의 작가이자 미술 학사와 석사 학위를 받은 화가로, 2003년에 발표한 첫 작품《The Time Traveler's Wife 시간 여행자의 아내》로 잘 알려져 있다. 이 소설은 공상과학과 로맨스, 드라마가 잘 어우러진 작품으로, 시간을 자유롭게 넘나드는 남자 헨리 데탬블과 화가 클레어 애브셔의 사랑 이야기이다.
헨리는 도서관의 사서로, 자신의 의지와 상관없이 시간 여행을 하는 '시간 이동 질환'을 앓고 있다. 이 질환으로 헨리는 자기 인생의 다양한 시점으로 갑작스럽게 이동한다. 그 다양한 시점은 나이가 일정하지 않고 경험치가 서로 다르기 때문에 스스로를 전혀 통제할 수 없다. 클레어는 여섯 살 때 헨리를 처음 만난다. 헨리는 이미 클레어가 미래의 자기 아내임을 알고 있다. 성장하면서 클레어 역시 자신이 헨리의 아내가 될 것임을 알게 되지만, 헨리의 시간 여행으로 인해 그들의 만남은 불규칙하고 비순차적으로 이루어진다.

The Time Traveler's Wife, Audrey Niffenegger, Night Bookmobile Editions, 2021
《시간 여행자의 아내》, 오드리 니페네거, 살림, 2009년

073
니콜라스 스파크스 See Me 나를 봐

I don't know what 'normal' really means. I think everyone has his own definition, and it's shaped by culture, by family and friends, by character and experience, by events and a thousand other things. What's normal for one person isn't normal for another. For some people, jumping out of airplanes is crazy. For other people, life isn't worth living without it.

저는 '정상'이 정확히 무엇을 의미하는지 잘 모르겠어요. 사람마다 '정상'에 대한 정의가 다르다고 생각해요. 그건 문화, 가족과 친구들, 성격과 경험, 사건들과 수없이 많은 요소에 의해 만들어지죠. 어떤 사람에게 정상인 게, 다른 사람에게는 전혀 아닐 수 있어요. 누군가에게는 비행기에서 뛰어내리는 게 미친 짓일 수 있죠. 그런데 다른 누군가에게는 그런 일이 없으면 삶이 의미 없다고 느껴질 수도 있다는 겁니다.

***

'정상'이라는 개념은 사람마다 다른 문화, 가족, 친구, 성격, 경험 등 수많은 것들에 의해서 형성되기 때문에 절대적이지 않고 상대적이라는 everyone has his own definition 철학적 가르침을 주며, '다름'을 인정하지 않는 편견에 가득 찬 자세를 비판한다.

---

normal 보통의, 평범한 | definition 정의 | be shaped by ~에 의해서 형성되다 | character 성격 | be worth living 살아갈 값어치가 있다

everyone has his own definition

《See Me 나를 봐》는 니콜라스 스파크스가 2015년에 발표한 로맨스 스릴러 소설이다. 콜린 핸콕은 폭력으로 법을 어긴 적이 몇 번 있지만 지금은 올바르게 살기 위해 노력하고 있다. 그는 법대에 진학했고 건강한 삶을 지속하는 데 집중하고 있다. 마리아 산체스는 멕시코 이민자 가정에서 자란 변호사로 성공적인 경력을 쌓고 있지만, 과거의 트라우마로 인해 마음의 상처가 있다. 콜린과 마리아는 우연히 만나 서로에게 강하게 끌린다. 그러나 관계가 진척되기 시작할 때쯤 마리아의 과거가 두 사람의 관계를 위태롭게 한다.

See Me, Nicholas Sparks, Grand Central Publishing, 2015
《나를 봐》, 니콜라스 스파크스, 아르테, 2019년

074
폴라 호킨스 The Girl on the Train 걸 온 더 트레인

Beautiful sunshine, cloudless skies, no one to play with, nothing to do. Living like this, the way I'm living at the moment, is harder in the summer when there is so much daylight, so little cover of darkness, when everyone is out and about, being flagrantly, aggressively happy. It's exhausting, and it makes you feel bad if you're not joining in.

화창한 햇살, 구름 한 점 없는 하늘, 함께 놀 사람도 없고, 할 일도 없다. 지금처럼 살아가는 건 여름에 더 힘들다. 해는 길고, 어둠은 좀처럼 오지 않으며, 사람들은 하나같이 밖으로 나가 노골적으로, 당당하게 행복해 보인다. 그런 모습에 둘러싸이면 지치고, 그 행복에 끼지 못하는 자신이 초라하게 느껴진다.

* * *

강렬한 여름의 이미지와 외로운 감정no one to play with, nothing to do이 대비된 생생하고 간결한 묘사가 공감을 일으킨다. 행복의 기준을 자신의 삶에서 찾지 못하고 타인의 모습을 통해 정하려고 할 때 우리의 외로움은 더욱 깊어진다.

---

cloudless 구름 한 점 없는 | at the moment 바로 지금 | out and about 밖으로 돌아다니는 | flagrantly 노골적으로, 눈꼴사납게, 노골적으로 | aggressively 적극적으로, 공격적으로 | exhausting 피곤하게 만드는 | join in 가담하다, 합류하다

so much daylight, so little cover of darkness

폴라 호킨스Paula Hawkins는 영국 작가로, 옥스퍼드 대학교 키블 대학을 졸업하고 소설가가 되기 전에 기자로 활동했다. 《The Girl on the Train걸 온 더 트레인》은 2015년에 발표된 심리 스릴러 소설로, 출간 직후 베스트셀러가 되었고 2016년에는 영화로도 제작되었다.

이야기는 결혼 생활이 무너지면서 알코올 중독에 빠진 레이첼 왓슨을 중심으로 전개된다. 그녀는 매일 같은 기차를 타고 런던으로 출근한다. 기차는 그녀의 옛집을 지나간다. 그 집에는 전남편 톰이 새 아내와 살고 있다. 레이첼은 그 기차를 타고 다니면서 자신의 옛집과 같은 거리에 있는 다른 집을 주목한다. 그 집에 사는 커플을 제스와 제이슨이라고 이름 짓고 완벽할 것 같은 그들의 삶을 상상한다. 그 커플의 실제 이름은 메건과 스콧이다. 어느 날 레이첼은 기차를 타고 지나가다가 메건과 관련된 충격적인 장면을 목격한다. 레이첼은 극심한 음주 문제와 심각한 기억상실로 인해 불확실한 심리 상태임에도 사건에 끼어든다.

The Girl on the Train, Paula Hawkins, Riverhead Books, 2015
《걸 온 더 트레인》, 폴라 호킨스, 북폴리오, 2015년

075
마이클 코넬리 The Gods of Guilt 배심원단

"Your father always called the jurors the 'gods of guilt.' You remember that?"

"Yep. Because they decide guilty or not guilty. What's your point?"

"The point is that there are plenty of people out there judging us every day of our lives and for every move we make. The gods of guilt are many. You don't need to add to them."

"네 아버지는 항상 배심원들을 '죄의 심판자들'이라고 불렀어. 기억하니?"
"그럼요. 배심원들이 유죄냐 무죄냐를 결정하니까요. 무슨 말씀을 하고 싶은 건데요?"
"내 말은, 세상에는 매일 우리를 심판하고, 우리의 행동거지에 대해 잘잘못을 가리는 사람들이 아주 많다는 거야. 죄의 심판자들이 많아도 너무 많아. 그런데 굳이 너까지 거기에 숟가락 얹을 필요는 없어."

* * *

우리는 살면서 수많은 죄의 심판자들 the gods of guilt 앞에 서게 된다. 거기에 더해서 스스로를 자책하며 괴로워할 필요는 없다. 자기 비난과 자기혐오에서 벗어나야 한다는 메시지이다.

---

juror 배심원 | guilt 유죄, 죄책감 | guilty 유죄인 | point 핵심 | plenty of ~가 많은 | out there 세상에는 | judge ~를 판단[심판]하다 | move we make 우리의 움직임 | add to ~에 더하다

the gods of guilt are many

마이클 코넬리Michael Connelly는 범죄물과 법정 스릴러물로 널리 알려진 미국 작가로, 특히 해리 보슈와 링컨 변호사 미키 할러라는 두 인기 캐릭터를 창조한 것으로 유명하다. 2013년에 발표된《The Gods of Guilt배심원단》에는 미키 할러가 등장한다.

이야기는 할러가 살인 혐의로 기소된 남자를 변호하게 되면서 시작된다. 피해자는 할러의 옛 의뢰인이었던 매춘부 글로리아 데이튼으로, 할러는 한때 위험에 처한 도운 적이 있었다. 하지만 그녀는 결국 살해당했고, 할러는 피의자를 변호해야 한다. 사건이 진행되면서 할러는 자신의 의뢰인이 정말로 유죄인지, 아니면 더 큰 음모가 존재하는 것은 아닌지 의문을 품기 시작한다. 그 과정에서 할러는 죄책감과 후회의 감정을 느낀다.

The Gods of Guilt, Michael Connelly, Orion, 2013
《배심원단》, 마이클 코넬리, 알에이치코리아, 2020년

076
리 차일드 Killing Floor 추적자

When the unexpected gets dumped on you, don't waste time. Don't figure out how or why it happened. Don't recriminate. Don't figure out whose fault it is. Don't work out how to avoid the same mistake next time. All of that you do later. If you survive. First of all you evaluate. Analyze the situation. Identify the downside. Assess the upside. Plan accordingly.

예기치 않은 문제들이 갑자기 닥쳤을 때 시간을 낭비하지 말아요. 어떻게, 왜 그런 일이 생겼는지 깊이 생각하지 말아요. 남을 똑같이 비난하지 말아요. 누구의 잘못인지 따지지 말아요. 다음에 같은 실수를 피할 방법을 애써 생각하지 말아요. 이 모든 것들은 나중에 하세요. 위기 상황에서 잘 벗어났을 때. 가장 먼저 상황을 평가하세요. 상황을 분석하세요. 단점과 장점을 파악하세요. 그것에 맞게 계획을 세우세요.

* * *

전혀 예기치 못한 일을 당했을 때When the unexpected gets dumped on you 감정에 치우친 시간 낭비는 옳지 않다. 문제의 원인보다는 현재의 결과에 집중하며 생존을 위한 실용적 판단과 행동이 중요하다는 조언이다.

the unexpected 예기치 않은 일 | get dumped on ~에게 갑자기 많은 문제가 닥치다 | figure out ~를 생각해 내다, ~를 파악하다 | recriminate 상대의 비난에 맞비난하다 | work out 답을 알아내다, ~를 생각해 내다 | survive 위기를 잘 견뎌내다 evaluate 평가하다 | analyze ~를 분석하다 | identify ~를 찾다, ~를 발견하다 | downside 부정적인 면, 단점 | assess ~를 평가하다 | upside 나쁜 상황 속에서의 긍정적인 면 | accordingly 그에 맞춰

when the unexpected gets dumped on you

《Killing Floor 추적자》는 리 차일드의 잭 리처 시리즈 중 첫 번째 소설로, 전직 군사 경찰관이지만 현재는 떠돌이인 주인공 잭 리처를 소개한다. 이야기는 잭 리처가 마그레이브라는 작은 마을에 도착하면서 시작된다. 그곳에서 리처는 살인 혐의로 체포되지만 곧 혐의를 벗는다. 그러나 이 사건으로 인해 리처는 훨씬 더 큰 위험에 빠진다. 리처는 마그레이브 마을이 클라이너 가족이라는 범죄 조직의 통제하에 있음을 알게 된다. 마을의 경찰과 여러 주요 인사들은 이들과 결탁하거나 조종당하고 있었다. 리처는 이 음모의 배후를 파헤치며, 그가 체포되었던 살인 사건이 자신의 형인 조 리처와 관련이 있음을 알게 된다.

Killing Floor, Lee Child, Berkley, 2006
《추적자》, 리 차일드, 랜덤하우스코리아, 2008년

077
매트 헤이그 The Midnight Library 미드나잇 라이브러리

If you aim to be something you are not, you will always fail. Aim to be you. Aim to look and act and think like you. Aim to be the truest version of you. Embrace that you-ness. Endorse it. Love it. Work hard at it. And don't give a second thought when people mock it or ridicule it. Most gossip is envy in disguise.

당신이 자신이 아닌 남이 되려고 하면 결국 실패하게 될 거예요. 그냥 당신 자신이 되려고 하세요. 당신답게 보이고, 행동하고, 생각하는 걸 목표로 하세요. 가장 진실한 당신의 모습이 되길 바라세요. 그 '당신다움'을 받아들이고, 응원하고, 사랑하세요. 그걸 위해 노력하세요. 그리고 누군가 그것을 비웃거나 조롱하더라도 마음 쓰지 마세요. 험담은 대개, 질투를 포장한 것에 불과해요.

* * *

우리는 자신의 모습을 제대로 알지 못한 채 평가 절하하고 남을 부러워한다. 진정한 자신을 발견하고 그 모습대로 살아가는 embrace that you-ness 것이 중요하다. 타인의 시선이나 평가로부터 자유로워져야 한다. 자신만의 고유한 가치를 알고, 믿고, 나아가야 한다.

aim to ~하는 것을 목표로 하다 | the truest version of ~의 가장 진실된 형태 | embrace 수용[포용]하다 | you-ness 당신 자신의 본 모습 | endorse 지지하다 | work hard at ~에 열심이다 | give a second thought 다시 생각하다 | mock 놀리다 | ridicule 조롱하다 | envy 부러움, 선망 | in disguise 가장된, 숨겨진

embrace that you-ness

매트 헤이그Matt Haig는 영국 작가로, 소설, 실화, 아동문학 등 다양한 장르에서 활동하고 있다. 2020년에 발표된 그의 대표작 《The Midnight Library 미드나잇 라이브러리》는 후회와 선택, 삶의 의미와 같은 주제를 탐구하며 생각을 자극하는 소설이다.

이야기는 30대 중반의 노라 시드가 자신의 삶에 대해 깊은 좌절감을 느끼는 모습에서 출발한다. 계속 실패하는 삶을 살고 있다고 생각한 그녀는 생을 마감하겠다고 결심한다. 그러나 죽음 대신 그녀는 우연히 생과 사 사이에 존재하는 마법 같은 도서관 '미드나잇 라이브러리'에 이른다. 그곳에 소장된 책에는 노라가 과거에 다른 선택을 했더라면 어떤 결과를 향했을지 적혀 있다. 그 책들을 읽으며 노라는 자기 삶의 다른 버전들을 간접적으로 경험하면서 행복과 자아 수용의 중요성에 대해 귀중한 교훈을 얻는다.

The Midnight Library, Matt Haig, Canongate Books, 2020
《미드나잇 라이브러리》, 매트 헤이그, 인플루엔셜, 2021년

078
크리스틴 해나 Home Front 홈 프론트

She had been ready to love this man from the moment she first saw him. In all these years, that had never changed. They'd hurt each other, let each other down, and yet, here they were after everything, together. She needed him now, needed him to remind her that she was alive, that she wasn't alone, that she hadn't lost everything.

그녀는 그를 처음 본 순간부터 이미 그를 사랑할 준비가 되어 있었다. 그 긴 시간 동안 그 마음은 한 번도 바뀌지 않았다. 그동안 서로 상처도 줬고, 실망하게 하기도 했지만, 그럼에도 불구하고 결국 이렇게 함께였다. 지금 그녀는 그가 필요했다. 자신이 여전히 살아 있다는 사실을, 혼자가 아니라는 사실을, 모든 걸 잃은 건 아니라는 사실을 상기시켜 줄 그가 필요했다.

*　*　*

마지막 문장에서 사랑을 통해 그녀가 바랐던 것들이 드러난다. 결국 사랑은 함께 버티는 힘일지도 모른다. 내가 아닌 어떤 존재가 나에게 주는 정서적 안정감과 위안, 그것이 모든 상처와 실망 속에서도 after everything 견디는 힘이고, 그것이 사랑일지도 모른다.

in all these years 그 모든 세월이 흐르는 동안 | let down 실망시키다 | and yet 그럼에도 불구하고 | remind 상기시키다 | alive 살아 있는 | alone 혼자인, 외로운

here they were after everything, together

《Home Front 국내 미출간》는 크리스틴 해나가 2012년에 발표한 소설로, 전쟁이 군인과 그의 가족들에게 미치는 무언의 고통을 생생하게 그려낸다. 주인공 졸린 자카데스는 헌신적인 어머니이자 아내면서 주 방위군의 헬리콥터 조종사이다. 성공한 변호사인 남편 마이클과의 사이가 그다지 좋지 않은 상태에서 졸린은 갑작스럽게 이라크로 파병 명령을 받는다. 아내가 이라크로 떠난 후 마이클은 두 아이를 홀로 돌봐야 하는 상황에 부닥치면서 복잡한 감정에 사로잡힌다. 냉혹한 현실과 전쟁의 공포를 마주한 졸린은 중대한 심적 변화를 겪으며 지금까지의 가족 관계와 정체성에 큰 영향을 받는다.

Home Front, Kristin Hannah, St. Martin's Press, 2012

079
조디 피코 Sing You Home 싱유홈

If there's a physical component to falling in love—the butterflies in your stomach, the roller coaster of your soul—then there's an equal physical component to falling out of love. It feels like your lungs are sieves, so you can't get enough air. Your insides freeze solid.

사랑에 빠질 때 신체적인 반응이 있다면—심장이 뛰거나 감정이 요동치는 느낌—사랑이 식을 때도 그에 못지않은 신체적인 반응이 있다. 마치 체처럼 폐에 구멍이 숭숭 뚫린 느낌이라 제대로 숨을 쉴 수가 없으며, 속이 꽁꽁 얼어붙은 느낌이라 감정이 마비된다.

***

감정과 신체의 이미지를 동일시하는 극적인 표현이 문학적이다. 사랑에 빠질 때는 위장 속에서 날갯짓하는 나비와 오르락내리락하는 감정의 롤러코스터로, 사랑이 식을 때는 구멍이 숭숭 뚫린 폐와 얼어붙어 마비된 감각으로 your insides freeze solid 비유하는 문학적 통찰이 돋보인다.

physical component 물리적인 요소, 신체적 요소 | butterflies in one's stomach 긴장이나 설렘으로 뛰는 심장 박동 | roller coaster of one's soul 마음이 롤러코스터를 탄 듯 요동침 | fall out of love 사랑이 끝나다, 사랑이 멀어지다 | lung 폐 | sieve 체 | insides 생각과 감정 | freeze solid 얼어붙다

your insides freeze solid

2011년에 발표된 조디 피코의 《Sing You Home 국내 미출간》은 불임, 동성애, 종교 등 현대 사회의 복잡한 이슈를 여러 등장인물의 시각에서 이야기한다. 부부인 맥스와 조이는 불임으로 인해 오랫동안 힘들어했다. 아이를 가지려 여러 번 시도했지만 거듭 유산되면서, 이 부부는 스트레스를 이기지 못하고 이혼한다. 그 후, 조이는 음악 치료사로서 재출발하려 하지만, 유산과 이혼의 깊은 상실감에서 헤어 나오지 못한다. 그러던 중 조이는 자신이 동성애자임을 깨닫고 바네사라는 여성을 사랑하게 된다. 조이와 바네사는 아이를 갖기로 하고, 조이가 맥스와 이혼하기 전 동결해 둔 수정란을 사용하기로 한다. 하지만 이혼 후 동성애를 적극적으로 반대하는 교회에 의지해 지내고 있던 맥스는 그 소식을 듣고 충격을 받는다.

Sing You Home, Jodi Picoult, Atria Books, 2011

080
프레드릭 배크만 A Man Called Ove 오베라는 남자

Sometimes it's hard to explain why some men suddenly do the things they do. And Ove had probably known all along what he had to do, who he had to help before he could die. But we are always optimists when it comes to time, we think there will be time to do things with other people. And time to say things to them.

때로 어떤 이들이 특정 행동을 갑자기 왜 하는 건지 설명하기 어려울 때가 있다. 그리고 오베는 아마도 처음부터 알고 있었을 것이다. 죽기 전에 자기가 해야 할 일과 반드시 도와야 할 사람이 누구인지. 하지만 우리는 시간에 대해 늘 낙관적이다. 언제나 누군가와 함께 무언가를 할 시간이 있을 거라고 생각하고, 그들에게 무언가를 말할 시간도 있을 거라고 생각한다.

* * *

시간에 관해서 우리는 낙관주의자 optimists when it comes to time 이다. 시간이 충분하다고 생각한다. 그래서 미루고, 그래서 주저한다. 그러다 타이밍을 놓친다. 한 박자 빠른 타이밍. 그래서 상대는 당황할 수도 있지만, 그렇게 해야 상대와 후회 없는 소통, 아쉬움 없는 교류를 할 수 있다.

some men 어떤 사람들, 특정한 사람들 | all along 내내, 쭉 | optimist 낙천적인 사람 | when it comes to ~에 관한 한

we are always optimists when it comes to time

스웨덴 작가 프레드릭 배크만Fredrik Backman은 2014년 첫 소설 《A Man Called Ove 오베라는 남자》를 통해서 국제적 명성을 얻었으며, 작품은 영화화되어 큰 성공을 거두었다.
50대 후반의 인색하고 혼자 사는 남자 오베는 규칙에 엄격하고 주변 사람들을 무시하는 경향이 있다. 그러나 그의 삶은 젊고 활기찬 가족이 이웃으로 이사 오면서 완전히 변한다. 그들의 친절과 따뜻한 관심이 계속되면서 오베의 벽이 조금씩 허물어진다.

A Man Called Ove, Fredrik Backman, Sceptre, 2014
《오베라는 남자》, 프레드릭 배크만, 다산책방, 2023년

081
안드레 애치먼 Call Me by Your Name 콜 미 바이 유어 네임

When I'm with you and we're well together, there is nothing more I want. You make me like who I am, who I become when you're with me. If there is any truth in the world, it lies when I'm with you, and if I find the courage to speak my truth to you one day, remind me to light a candle in thanksgiving at every altar in Rome.

당신과 함께 있고 우리가 사이좋게 잘 지낼 때면 나는 더 이상 바랄 것이 없어요. 당신은 내가 내 자신을 좋아하게끔 만들어줘요. 당신과 함께 있을 때의 변화된 내 모습을 마음에 들게끔 만들어줘요. 세상에 어떤 진실이 있다면, 그건 내가 당신과 함께 있을 때 존재해요. 언젠가 내 진실을 당신께 말할 용기가 생긴다면, 그날엔 로마의 모든 제단에 촛불을 켜고 감사드리라고 꼭 상기시켜 줘요.

* * *

서정적이고 비유적인 언어가 잔잔히 흐르는 글이다. 당신을 향한 나의 진심을 전할 용기가 생기면 로마의 모든 제단에 감사의 촛불을 켜겠다 light a candle in thanksgiving는 문학적 감성이 성스러운 분위기를 연출하고 있다. 문학은 감동이다.

who I am 나의 본 모습, 나 자신 | who I become 내가 변하는 모습 | courage 용기 | remind me to 내가 ~하도록 상기시키다 | light 불을 켜다 | in thanksgiving 감사의 뜻으로 | altar 제단

remind me to light a candle in thanksgiving

안드레 애치먼André Aciman은 이집트 태생의 미국 작가로 2007년에 발표된 《Call Me by Your Name콜 미 바이 유어 네임》으로 잘 알려져 있다. 이집트 알렉산드리아에서 유대인 가정에서 태어난 다문화적 배경과 이민자로서의 경험이 그의 작품에 큰 영향을 미쳤다.

1980년대 이탈리아 리비에라의 작은 마을을 배경으로, 17세의 유대계 미국 소년 엘리오가 가족 빌라에서 보내는 여름 동안의 일들을 다루고 있다. 매년 여름 엘리오의 아버지는 박사 과정의 학생을 초대해 자신의 연구를 돕게 하는데, 이번 여름에는 24세의 올리버가 온다. 처음에 엘리오는 올리버의 자유롭고 자신감 넘치는 태도에 경계심을 느끼지만, 시간이 지나면서 그에게 점점 매료된다. 올리버도 엘리오에게 특별한 감정을 느끼며, 두 사람은 결국 서로 사랑하게 된다. 동성 간의 사랑을 그린 이 소설은 사회적으로 터부가 되던 시기에 사랑과 욕망의 복잡성을 탐구한다.

Call Me by Your Name, André Aciman, Atlantic Books, 2011
《콜 미 바이 유어 네임》, 안드레 애치먼, 잔, 2019년

082
더글라스 케네디 The Woman in the Fifth 파리 5구의 여인

There are certain tragedies from which we never recover. We may eventually adjust to the sense of loss that pervades every waking hour of the day. We may accept the desperate sadness that colors all perception. We may even learn to live with the loss. But that doesn't mean we will ever fully cauterize the wound or shut away the pain in some steel-tight box and consider it vanquished.

우리가 결코 극복하지 못하는 비극들이 있다. 우리는 하루하루 깨어 있는 시간에 스며드는 상실감에 결국 적응하게 될 수도 있다. 모든 지각을 물들이는 절망적인 슬픔을 받아들이게 될 수도 있다. 심지어 그 상실을 안고 살아가는 법을 배울 수도 있다. 하지만 그렇다고 해서, 그 상처를 완전히 지워버리거나 그 고통을 쇠로 만든 단단한 상자 속에 격리해 놓고 고통이 완전히 사라졌다고 여길 수 있다는 뜻은 아니다.

✱✱✱

지각에까지 영향을 주는 colors all perception 아픔과 고통을 겪은 후 우리는 완전히 회복할 수 있는 것처럼 보인다. 아니다. 우리는 단지 그 고통을 마음속 어딘가 강철 상자에 가둬두고 함께 살아가는 법을 배울 뿐이다.

---

tragedy 비극, 슬픈 일 | recover from ~에서 회복하다 | eventually 궁극에는, 결국 | adjust to ~에 적응하다 | sense of loss 상실감 | pervade 스며들다 | waking hour 깨어 있는 시간 | desperate 극단적인, 절망적인 | color ~를 물들이다 | perception 지각 | cauterize 상처를 지지다, 아물게 하다 | wound 상처 | shut away 격리하다 | consider ~로 여기다, 생각하다 | vanquish ~를 격파하다, 물리치다, 이겨내다

the desperate sadness that colors all perception

《The Woman in the Fifth 파리 5구의 여인》는 2007년에 발표된 더글라스 케네디의 심리 스릴러 소설이다. 이 작품은 프랑스 파리를 배경으로 서스펜스와 로맨스, 초자연적인 요소가 결합된 이야기로 상실과 죄책감, 구원 같은 주제를 긴장감 있게 풀어내고 있다.

이야기는 한때 촉망받던 미국의 대학교수 해리 릭스를 중심으로 전개된다. 해리는 학생과의 스캔들로 삶이 파멸된 후, 과거를 피해 파리로 떠난다. 그는 파리의 지저분한 지역에 있는 허름한 아파트에 살며 외로움과 죄책감, 패배감에 시달린다. 파리에 머무는 동안 해리는 아름답고 신비로운 헝가리 여성 마깃 카다르를 만난다. 그녀는 파리 5구에 살고 있으며, 해리는 그녀에게 강하게 이끌려 둘은 열정적인 관계를 맺는다. 그러나 그 관계가 깊어질수록 해리는 현실과 환상의 경계를 넘나드는 일들에 얽힌다.

The Woman in the Fifth, Douglas Kennedy, Hutchinson, 2007
《파리 5구의 여인》, 더글라스 케네디, 밝은세상, 2012년

083

R.F. 쿠앙 Yellowface 옐로페이스

We have one of those skin-deep friendships where you manage to spend a lot of time together without really getting to know the other person. I still don't know if she has any siblings. She's never asked me about my boyfriends. But we keep hanging out, because it's so convenient that we're both in DC, and because it's hard to make new friends the older you get.

우리는 피상적인 친구 관계이다. 그럭저럭 많은 시간을 함께 보내지만 상대방을 진정으로 잘 알지는 못하는 그런 관계이다. 난 지금도 그녀에게 언니나 오빠, 동생이 있는지 모른다. 그녀는 내 남자친구들에 대해서 한 번도 물어본 적이 없다. 그러나 우리는 계속 시간을 함께 보내고 있다. 우리는 둘 다 DC에 살고 있어서 만나기 편하니까. 나이가 들수록 새로운 친구를 사귀기가 힘드니까.

* * *

주인공이 친구와 나누는 우정은 피상적인skin-deep 관계다. 친구는 맞는데 서로 자세한 걸 묻지도, 알려고도 하지 않는다. 그냥 만나서 같이 시간을 보낸다. 이런 관계가 주는 편리함의 한쪽에 자리한 외로움이 무덤덤하게 드러난다.

---

skin-deep 피상적인, 얄팍한 | manage to 그럭저럭 ~하다 | get to know ~를 알게 되다 | the other person 상대방 | sibling 형제자매, 형제 | hang out 많은 시간을 보내다 | convenient 편한 | make friends 친구를 사귀다 | the older you get 나이가 들수록

we have one of those skin-deep friendships

R. F. 쿠앙R.F.Kuang은 중국에서 태어나 어린 시절 미국으로 이주한 중국계 미국인 작가로, 판타지 소설과 역사 소설로 널리 알려져 있다. 2023년 발표된 《Yellowface옐로페이스》는 출판 산업을 주제로, 준 헤이워드와 아테나 리우를 중심으로 이야기가 전개된다.

이들은 예일 대학교를 졸업한 동창으로 둘 다 소설가를 꿈꾸고 있다. 백인 작가 준은 자신보다 성공한 아시아계 미국인 작가인 아테나를 질투하고 있다. 아테나는 제1차 세계대전 중의 중국인 노동자에 관한 글을 쓰고 있던 우연한 사고로 죽고, 그녀의 마지막 원고는 미완성 상태로 남는다. 아테나의 사망 당시 함께 있었던 준은 충동적으로 그 원고를 훔치고, 원고의 잠재력을 알아본 준은 자신이 출판하기로 결심한다.

Yellowface, Rebecca F. Kuang, The Borough Press, 2023
《옐로페이스》, R.F. 쿠앙, 문학사상, 2024년

084
체비 스티븐스 Still Missing 스틸 미싱

There are all these books that say we create our own destiny and what we believe is what we manifest. You can be as happy as you've ever been in your life, and shit is still going to happen. But it doesn't just happen.
It knocks you sideways and crushes you into the ground, because you were stupid enough to believe in sunshine and roses.

운명은 우리가 스스로 만드는 것이고, 믿는 것이 곧 현실로 이루어진다고 말하는 책들이 수없이 많다. 인생에서 가장 행복한 순간일지라도 불행한 일은 여전히 생길 것이다. 그런데 그런 일들은 그냥 생기기만 하는 게 아니다. 방심하는 사이 옆에서 치고 들어와 당신의 삶을 뒤흔들고, 완전히 짓이겨버린다. 그렇게 되기까지 어리석게도 당신은 세상이 마냥 햇살과 장미로 가득할 것이라고 믿고 있었기 때문이다.

＊＊

믿는 대로 된다는 말. 인간이 갖는 희망이다. 그 희망만 믿고 believe in sunshine and roses 무방비 상태로 산다면 결국 비극을 경험하게 된다. 가장 깊은 절망은 큰 희망에서 비롯된다. 희망과 그로 인한 상처가 문학적 언어로 설명되고 있다.

destiny 운명 | manifest 드러내 보이다, 나타내다 | shit 불운, 불쾌한 상황 | sideways 옆에서 | crush 으스러뜨리다, 진압하다

stupid enough to believe in sunshine and roses

체비 스티븐스Chevy Stevens는 캐나다 출신으로, 부동산 중개인으로 일하다가 작가가 되었다. 2010년에 발표된 첫 소설 《Still Missing스틸 미싱》은 그의 이러한 경험에서 영감을 받았다. 성공한 부동산 중개인인 애니 오설리번이 오픈 하우스에서 납치되었던 경험을 회상하며 심리 치료사에게 이야기하는 형식으로 진행된다.
애니는 납치되어 외딴 산속 오두막에 갇혀 '괴물The Freak'의 통제를 받는다. 괴물은 애니의 일상을 철저히 지배하며 신체적, 정서적으로 학대한다. 애니는 끔찍한 고통을 견디며 살아남기 위한 사투를 벌인 끝에, 결국 탈출에 성공한다. 그러나 현실로 돌아온 후에도 그녀의 삶은 여전히 고통스럽다. 납치로 인한 트라우마를 극복하기 위해 노력하는 와중에 자신의 납치에 큰 음모가 얽혀 있었음을 알게 되며 마지막에는 극적인 반전에 이른다.

Still Missing, Chevy Stevens, St. Martin's Press, 2010
《스틸 미싱》, 체비 스티븐스, 알에이치코리아, 2012년

마이클 코넬리 The Black Echo 블랙 에코

Surveillance jobs were the bane of most detectives' existence. But in his fifteen years on the job Bosch had never minded a single stakeout. In fact, many times he enjoyed them when he was with good company. He defined good company not by the conversation but by the lack of it. When there was no need to talk to feel comfortable, that was the right company.

잠복근무는 대부분의 형사에게 골칫거리였다. 하지만 보슈는 형사 생활 15년 동안 단 한 번도 잠복근무를 싫어한 적이 없었다. 오히려 좋은 동료가 옆에 있으면 그런 시간조차 즐기는 경우가 많았다. 그가 정의하는 좋은 동료의 기준은 대화가 잘 통하느냐가 아니라 대화가 없어도 되느냐였다. 굳이 말하지 않아도 편안한 사람, 그게 바로 진짜 좋은 동료였다.

***

잠복근무하면서 오랜 시간을 침묵 속에서도 편안함을 느낄 수 있는 파트너라면 그 이상 좋은 파트너는 없다that was the right company는 생각이다. 흔히 대화를 통해서 유대감이 형성된다는 생각과는 다른 철학적 통찰이 보인다.

---

surveillance 감시 | bane 골칫거리, 고통이나 불편을 주는 일 | detectives' existence 형사들의 존재, 형사들의 삶 | mind ~를 짜증내다 | stakeout 감시 | define ~를 정의하다 | good company 좋은 동료 | lack 부족, 결핍

that was the right company

《The Black Echo블랙 에코》는 1992년에 발표된 마이클 코넬리의 첫 소설이자 해리 보슈 시리즈의 시작을 알리는 작품이다. 베트남 전쟁 참전용사였던 해리 보슈는 현재는 LAPD 형사로, 하수구에서 발견된 한 남자의 사망 사건을 조사한다. 처음에는 단순한 약물 과다 복용 사건으로 보였지만, 보슈는 시신의 신원이 베트남 전쟁 당시 자신과 함께 싸웠던 동료 빌리 메도우스임을 알아차린다. 보슈는 타살을 의심하며 메도우스의 죽음 뒤에 숨겨진 진실을 밝히려 결심한다.
*블랙 에코: 베트남 전쟁 중에 베트콩이 사용하던 지하 터널을 병사들이 다니면서 느꼈던 끔찍한 경험을 가리키는 말

The Black Echo, Michael Connelly, Orion, 2012
《블랙 에코》, 마이클 코넬리, 알에이치코리아, 2015년

086
크리스틴 해나 The Nightingale 나이팅게일

If I have learned anything in this long life of mine, it is this: In love we find out who we want to be; in war we find out who we are. Today's young people want to know everything about everyone. They think talking about a problem will solve it. I come from a quieter generation. We understand the value of forgetting, the lure of reinvention.

내가 지금까지 오랜 세월을 살면서 배운 게 있다면 그건 바로 이거야. 사랑 안에서 우리는 우리가 어떤 사람이 되고 싶어 하는지를 알게 되고, 전쟁 안에서 우리는 우리가 진짜 어떤 사람인지를 알게 된다는 거지. 요즘 젊은이들은 모든 사람에 대해 모든 것을 알고 싶어 해. 대화를 하면 문제가 해결될 거로 생각한단 말이지. 나는 요즘 사람들보다는 말수도 적고 묵묵히 견디는 세대에 성장했어. 우리는 잊는 것의 가치를 알고 새롭게 거듭나려는 유혹이 얼마나 강한지도 잘 알고 있지.

***

사랑이라는 이상적인 자아와 전쟁이라는 인간 본성을 대조한 점이 인상적이다. 이상과 현실의 문학적 표현이다. 이어서, 말로 나타나지 않는 것들이 참된 이야기일 수 있다는 침묵의 존재론적 가치를 말하며, 망각forgetting은 재창조reinvention의 시작임을 문학적으로 표현한다.

---

find out ~를 알게 되다, ~를 이해하다 | come from ~출신이다 | generation 세대 | lure 매력, 유혹 | einvention 재발명, 재창조

the value of forgetting, the lure of reinvention

《The Nightingale 나이팅게일》은 크리스틴 해나의 2015년 작품으로, 제2차 세계대전 당시 프랑스에서 나치 점령하에 놓인 두 자매 비안과 이자벨을 중심으로 전개되는 역사 소설이다. 언니 비안은 남편이 전쟁에 징집된 후 딸과 함께 작은 마을 카리보에 살고 있다. 나치 장교가 그녀의 집을 임시 숙소로 정하고 기거하면서 비안은 딸과 자신, 주변 사람들을 보호하기 위해 애쓴다. 동생 이자벨은 반항적이고 독립적인 성격이다. 그녀는 프랑스 레지스탕스에 가입해 나치 점령지에서 추락한 연합군 조종사들을 탈출시키는 데 중요한 역할을 한다. 이자벨은 '나이팅게일'이라는 코드명으로 활동하며 위험천만한 임무를 수행한다. 두 자매의 이야기가 평행하게 전개되면서, 전쟁을 대하는 서로 다른 모습을 통해 억압에 맞서는 다양한 방식을 보여준다.

The Nightingale, Kristin Hannah, St. Martin's Press, 2015
《나이팅게일》, 크리스틴 해나, 인빅투스, 2016년

087
도나 타트 The Goldfinch 황금방울새

Whenever you see flies or insects in a still life—a wilted petal, a black spot on the apple—the painter is giving you a secret message. He's telling you that living things don't last—it's all temporary. Death in life. Maybe you don't see it at first with all the beauty and bloom, the little speck of rot. But if you look closer—there it is."

정물화에서 파리나 곤충, 심지어 시든 꽃잎, 사과 위의 검은 반점 같은 걸 볼 때마다 화가는 우리에게 은밀하게 메시지를 전한다. 모든 생명체는 영원하지 않다는 것. 다시 말해, 모든 건 일시적이라는 거다. 삶 속에 존재하는 죽음. 처음엔 온통 아름다움과 만개한 모습 속에 가려져 그 안에 있는 작은 썩은 자국을 못 볼 수도 있다. 하지만 좀 더 자세히 들여다보면, 분명히 그 자리에 있다.

***

정물화 속에 담긴 상징과 은유로서의 죽음을 이해하고 글로 표현하는 글솜씨에 감탄하지 않을 수 없다. 아름다운 정물화 속에 숨겨진 죽음과 소멸, 덧없는 삶을, 작가는 언어로 그려내고 있다. Death in life는 문장이 아니면서도 이 글의 가장 강력한 메시지이다.

a still life 정물화 | wilted petal 시든 꽃잎 | living things 생물체 | last 지속되다, 영원하다 | temporary 일시적인 | bloom 만발한 꽃 | speck of rot 썩은 작은 반점 | look closer 더 가까이 보다

it's all temporary. death in life

도나 타트Donna Tartt는 꼼꼼한 문체로 유명한 미국 작가이며, 10년에 한 권씩 소설을 발표해서 출간 주기가 긴 소설가로도 유명하다. 2013년에 발표된 《The Goldfinch황금방울새》으로 2014년 퓰리처상을 수상했다. 이 작품은 미술관 폭탄 테러에서 살아남은 13세 소년 테오 데커의 삶을 따라간다. 폭발 사건 후, 테오는 17세기 네덜란드 화가 카렐 파브리티우스의 그림 〈The Goldfinch〉를 훔친다. 테오의 어머니는 폭발 사고로 사망하고 아버지는 늘 부재 상태였기 때문에 테오는 사실상 고아 신세이다. 후에 부유한 가문인 바버 가의 보호를 받다가 나중에는 라스베이거스에 사는 아버지에게 맡겨진다. 소설 내내 테오는 슬픔과 죄책감, 트라우마와 씨름하며 불안하고 혼란스러운 세상에서 자기 자리를 찾으려 한다.

The Goldfinch, Donna Tartt, Little, Brown and Company, 2013
《황금방울새》, 도나 타트, 은행나무, 2015년

존 그리샴 Sooley 솔리

"I don't want to leave. I love these kids. I recruited them, made them promises, watched them grow up, had a helluva ride with them last month. How am I supposed to tell them I'm leaving?"

"Every coach has to do it. It's just part of the business. It'll be rough and everybody will have a good cry, then the new guy'll come in and they'll forget about you. That's life."

"저 그만두고 싶지 않아요. 전 이 아이들을 정말 사랑합니다. 제가 아이들을 직접 선발했고 아이들에게 약속한 것도 많고, 아이들이 성장하는 것을 제가 다 지켜봤고요. 지난달에는 아이들과 얼마나 멋지고 자랑스러운 경험을 했는데요. 아이들한테 어떻게 제가 그만둔다고 말하라고요?"
"코치라면 다 그렇게 해요. 그저 비즈니스의 단면이에요. 헤어지는 게 힘들고 다들 눈물을 쏟겠죠. 그 후엔 새 코치가 들어오고 코치님에 대해서는 잊게 될 거예요. 그게 인생이잖아요."

***

비즈니스로 이루어진 관계는 종종 이별하게 된다. 어떤 비즈니스 관계는 자연스럽게 종료될 수밖에 없다. 비즈니스의 일부일part of the business 뿐이다. 감정의 동요가 일어도, 자신을 잘 타이르고, 이별을 자연스럽게 받아들여야 한다. 인생은 이별의 연속이니까.

recruit 모집하다, 선발하다 | make them promises 그들에게 여러 가지 중요한 약속을 하다 | grow up 성장하다 | have a helluva ride 아주 훌륭하고 멋진 경험을 하다 | rough 힘든 | have a good cry 실컷 울다

it's just part of the business

《Sooley국내 미출간》는 2021년에 발표된 존 그리샴의 소설로, 남수단South Sudan의 작은 마을에 사는 소년 사무엘 술리몬, 일명 술리을 중심으로 이야기가 전개된다. 술리는 농구 재능이 뛰어나지만 여느 소년들과 다르지 않다. 하지만 남수단 국가대표 농구팀에 선발되어 미국에서 열리는 경기에 참여하면서 그의 인생은 급격히 바뀐다. 미국에 도착한 술리는 농구하며 얻을 수 있는 기회와 가능성에 놀란다. 그러나 그가 미국에 있는 동안 고향은 내전에 휩싸이고 그의 가족은 우간다로 피난을 떠난다. 사무엘은 가족을 위해 농구로 성공해야 한다는 강한 의지를 갖는다.

Sooley, John Grisham, Hodder & Stoughton, 2021

테리 맥밀런 The Interruption of Everything 나는 누구인가?

Being a lifetime wife and mother has afforded me the luxury of having multiple and even simultaneous careers: I've been a chauffeur. A chef. An interior decorator. A landscape architect, as well as a gardener. I've been a painter. A furniture restorer. A personal shopper. A veterinarian's assistant and sometimes the veterinarian. I've been a Santa Claus. The T.V. Guide. A movie reviewer. An angel.

평생 아내이자 엄마로 살면서 나는 여러 직업을, 심지어 동시에 갖는 사치를 누렸다. 나는 운전기사였고, 요리사였으며, 인테리어 디자이너였다. 조경사이자 정원사였고, 화가이자 가구 복원가였다. 또한 필요한 건 뭐든 대신 사다 주는 개인 쇼핑 도우미였고, 수의사의 조수이기도 했으며, 때로는 내가 수의사가 되기도 했다. 나는 산타클로스였고, TV 편성표였으며, 영화 평론가였고, 천사였다.

* * *

어머니의 역할은 무엇일까? 전업주부라는 단어로 퉁 치고 넘어가기에는 너무도 다양한 일을 동시에 해내고 having multiple and even simultaneous careers 있지 않은가? 능동적이고 창조적인 어머니의 역할과 인생을 짚어 내는 작가의 통찰을 공유하고 싶다.

---

lifetime 평생 | afford ~를 제공하다 | luxury 드문 호사 | multiple 많은, 다수의 | simultaneous 동시의 | chauffeur 운전기사 | landscape architect 조경사 | as well as ~뿐 아니라 | gardener 정원사 | painter 페인트공 | restorer 복원 전문가 | veterinarian 수의사 | assistant 조수 | reviewer 평론가

having multiple and even simultaneous careers

《The Interruption of Everything 국내 미출간》은 테리 맥밀런의 2003년 작품으로, 중년의 아프리카계 미국인 여성 마릴린 그라임스가 인생의 큰 결단을 내릴 용기를 찾는 여정에 관한 이야기이다. 마릴린의 세 자녀는 모두 대학에 진학했고 남편 리온은 냉담하며 그녀는 나이 든 시어머니 아서린의 시중을 들고 있어서 자신을 위한 시간은 거의 없다. 일상에 답답함을 느끼던 마릴린은 오랜 세월 동안 포기하고 있었던 자신의 꿈에 대해 고민하기 시작한다. 자신을 되찾으려는 여정에서 마릴린은 여러 가지 충격적인 사실들과 마주한다.

The Interruption of Everything, Terry McMillan, Berkley, 2006

090

크리스틴 해나 The Four Winds 사방에 부는 바람

Love is what remains when everything else is gone. This is what I should have told my children when we left Texas. What I will tell them tonight. Not that they will understand yet. How could they? I am forty years old, and I only just learned this fundamental truth myself. Love. In the best of times, it is a dream. In the worst of times, a salvation.

모든 것이 사라진 뒤에도 남아 있는 것, 그게 사랑이다. 이건 텍사스를 떠나올 때 아이들에게 했어야 했던 말이다. 이 말을 나는 오늘 밤에야 해주려 한다. 물론 아이들이 아직은 이해하지 못할 것이다. 어떻게 이해할 수 있겠는가? 내가 지금 마흔 살인데 나조차도 이 근본적인 진리를 인제 알게 되었는데 말이다. 사랑. 좋을 때 사랑은 꿈이고, 힘들 때 사랑은 구원이다.

※ ※ ※

삶의 전성기에 사랑은 우리에게 꿈을 선사하고, 삶의 암흑기에 사랑은 구원이 된다 in the worst of times, a salvation. 우리가 꿈과 구원이 필요할 때 나타나는 사랑의 위대함, 사랑은 단순한 감정이 아닌 위대한 힘이다.

---

remain 여전히 남아 있다 | be gone 사라지다, 떠나다 | should have told ~에게 말했으면 좋았을 걸 | only just 방금, 지금 막 | learn ~를 알게 되다, 배우다 | fundamental 근본적인, 본질적인, 필수적인 | salvation 구원

in the worst of times, a salvation

《The Four Winds 사방에 부는 바람》는 2021년에 발표된 크리스틴 해나의 역사 소설이다. 미국 대공황과 더스트 볼 시대Dust Bowl era를 배경으로, 주인공 엘사 윌콧이 어려움 속에서 강인한 여성으로 성장하는 여정을 다룬다. 엘사는 어린 시절부터 부모에게 사랑받지 못하고 외면당한다. 성년이 된 그녀는 라페 마르티넬리라는 젊은 이탈리아 출신 농부를 만나 사랑에 빠지고 결혼하게 된다. 이후 그녀는 마르티넬리 가족의 농장에서 시부모와 함께 생활하며 아이들을 키운다. 그러나 더스트 볼이 발생하면서 농장이 황폐해지고 농사를 지을 수 없어진다. 가뭄과 모래 폭풍이 더 심해지면서 힘든 결정을 내려야 하는 순간이 온다.
*더스트 볼 시대: 1930년대 미국에서 발생한 심각한 모래 폭풍과 가뭄, 과도한 경작과 작물 순환을 하지 않는 농업 방식 등으로 인해 환경적, 경제적 재앙이 발생한 시기

The Four Winds, Kristin Hannah, St. Martin's Press, 2021
《사방에 부는 바람》, 크리스틴 해나, 은행나무, 2023년

091

마이클 코넬리 Trunk Music 트렁크 뮤직

I once heard this story about a sculptor and somebody asked him how he turned a block of granite into a beautiful statue of a woman. And he said that he just chips away everything that isn't the woman. That's what we have to do now. We've got this big block of information and evidence. We've got to chip away everything that doesn't count, that doesn't fit.

언젠가 한 조각가에 관한 이야기를 들은 적이 있습니다. 누군가 그에게 물었죠. 어떻게 화강암 덩어리를 아름다운 여인상으로 만들 수 있냐고요. 그랬더니 그가 이렇게 대답했답니다. 여성이 아닌 부분을 그냥 다 깎아낼 뿐이라고요. 그게 바로 우리가 지금 해야 할 일입니다. 우리에겐 지금 방대한 양의 정보와 증거 덩어리가 있습니다. 그중에서 중요하지 않은 것, 적합하지 않은 것들은 뭐든 다 깎아내야 합니다.

***

조각가는 돌에서 형상을 창조하는 것이 아니라, 돌의 필요 없는 부분을 제거함으로써 이미 그 속에 존재하고 있던 형상을 찾아낸다. 진실은 불필요한 것을 걷어낸chip away everything that doesn't count 자리에 존재한다는 철학적 메시지이다.

sculptor 조각가 | granite 화강암 | statue 조각상 | chip away ~를 잘라내다 | evidence 증거 | count 중요하다 | fit 맞다

chip away everything that doesn't count

《Trunk Music트렁크 뮤직》은 해리 보슈 시리즈의 다섯 번째 책이다. 할리우드 제작자 토니 알리소가 롤스로이스의 트렁크에서 시신으로 발견되면서 이야기가 시작된다. 처음에는 이 살인이 마피아 스타일의 처형, 즉 '트렁크 뮤직(피해자를 죽인 후 자동차 트렁크에 넣어 놓는 방식)'으로 보인다. 해리 보슈는 사건을 더욱 파헤치면서 범죄 조직과 부패, 돈세탁의 세계를 마주하게 되고, 전 부인인 엘리노어 위시와 얽히면서 사건은 개인적인 문제가 된다.

Trunk Music, Michael Connelly, Orion, 2009
《트렁크 뮤직》, 마이클 코넬리, 알에이치코리아, 2015년

리안 모리아티 The Last Anniversary 마지막 기념일

A marriage is hard work and sometimes it's a bit of a bore. It's like housework. It's never finished. You've just got to grit your teeth and keep working away at it, day after day. Of course, the men don't work as hard at it as we do. They're not much good at housework either. Well, they weren't in my day. Of course, these days they cook, vacuum, change nappies.

결혼은 큰 노력이 필요한 일이고 가끔은 좀 지루하기도 하다. 집안일과 비슷하다. 절대 끝나질 않는다. 그냥 이를 악물고, 하루하루 계속 묵묵히 해나가는 수밖에 없다. 물론 남편들은 우리만큼 결혼 생활에 그렇게 열심히 애쓰지 않는다. 집안일도 그다지 잘하지 못한다. 우리 때는 그랬다. 물론 요즘은 남편들도 요리하고, 청소기 돌리고, 기저귀도 갈아주지만.

* * *

환상을 걷어낸 결혼은 노동이다. 끝이 없이 반복되는 지루한 행위의 연속이다. 결혼 관계에서 여성과 남성의 헌신은 불균형적이었다. 여성은 이를 악무는 노력도 필요했다grit your teeth. 이제 시대가 바뀌면서 변화의 조짐이 조금씩 보인다는 관점을 문학적으로 보여주고 있다.

---

hard work 힘든 일 | a bit of 약간 | a bore 지루한 일 | housework 집안일 | grit one's teeth 이를 악물다 | work away at ~를 열심히 계속하다 | much good at ~를 아주 잘하는 | in one's day 내가 젊었을 때 | vacuum 진공 청소기로 청소하다 | nappy 기저귀

you've just got to grit your teeth

《The Last Anniversary 국내 미출간》는 리안 모리아티가 2005년에 발표한 소설로, 미스터리한 비밀을 간직하고 있는 가상의 작은 섬 스크리블리 검을 배경으로 하고 있다. 이야기는 '문로 아기 미스터리'를 중심으로 전개된다. 1932년 어느 날, 앨리스와 잭 문로 부부는 갓난아기 에니그마만 남겨두고 사라지고, 아기는 앨리스의 자매들인 코니와 로즈 도티의 손에 자란다. 이 사건으로 스크리블리 검 섬은 유명해졌고, 문로 미스터리를 궁금해하는 관광객들이 이 섬을 찾기 시작한다. 몇 년 후 30대 후반이 된 독신 여성 소피 허니웰은 코니 도티로부터 스크리블리 검 섬에 있는 집을 상속받게 되는데, 사실 소피는 코니와 친분이 거의 없는 사이였다. 이 유산을 의아하게 생각한 소피는 섬으로 이사해 그곳에 사는 괴짜 주민들의 삶에 들어간다. 미스터리와 드라마, 유머가 잘 결합된 모리아티 특유의 스타일이 잘 드러나는 작품이다.

The Last Anniversary, Liane Moriarty, Harper Perennial, 2010

리차일드 The Enemy적

"Life. What a completely weird thing it is. A person lives sixty years, does all kinds of things, knows all kinds of things, feels all kinds of things, and then it's over. Like it never happened at all."

"We'll always remember her."

"No, we'll remember parts of her. The parts she chose to share. The tip of the iceberg. The rest, only she knew about. Therefore, the rest already doesn't exist."

"인생. 정말 이상하기 짝이 없어. 한 사람이 60년을 살면서, 온갖 것들을 다 하고, 온갖 것들을 다 알고, 온갖 감정을 다 느끼고, 그러고 나면 그냥 끝이야. 마치 아무 일도 없었던 것처럼."
"그녀에 대한 기억은 항상 남아 있을 거야."
"아니. 우리는 그녀의 일부만 기억하겠지. 그녀가 우리에게 보여준 부분들만. 그건 빙산의 일각이야. 나머지, 오직 그녀만 알고 있었던 것들. 결국 그 나머지는 이미 존재하지 않는 거야."

* * *

몇십 년을 살아도 나의 길고 복잡한 인생이 타인에게 온전히 전달될 수 없다. 자신에 관한 100분의 1의 진실도 남기지 못한 채 미지의 존재로 소멸될 뿐이다. 그런 일은, 그런 감정은, 그런 존재는 없었던 것처럼. 정말 이상하기 짝이 없다! What a completely weird thing it is!

weird 이상한, 기묘한 | over 끝난 | a tip of the iceberg 빙산의 일각, 극히 일부 | exist 존재하다

what a completely weird thing it is

리 차일드의 소설 《The Enemy 국내 미출간》는 잭 리처 시리즈의 여덟 번째 작품으로, 대부분의 시리즈에서 잭 리처가 군대를 떠난 후의 이야기를 다루는 것과 달리 이 소설은 그가 군사 경찰의 소령으로 복무하던 시절을 배경으로 한다. 1990년 베를린 장벽이 무너지고 냉전이 끝나가던 시기, 잭 리처는 예상치 못하게 파나마에서 노스캐롤라이나주의 군 기지로 전출된다. 한 2성 장군이 허름한 모텔 방에서 죽은 채로 발견되고, 그 장군의 아내도 집에서 살해된다. 리처는 새 파트너인 서머 중위와 함께 이 사건을 조사한다. 조사가 진행될수록 냉전 직후 미국 군대가 재편되는 과정에서 벌어지는 권력 투쟁과 연관된 더 큰 음모와 마주친다.

The Enemy, Lee Child, Bantam, 2004

094
캐롤라인 리비트 Is This Tomorrow 무너진 내일

She remembered her mother had told her once that the way to true love was to find someone who would be good to you when things came crashing down around you. Someone who would think you were beautiful even when you had the flu, who would let you weep so hard on his shoulder you might ruin his shirt. "It's easy to love someone when things are good," her mother had told her.

그녀는 언젠가 어머니가 해줬던 얘기가 기억났다. 진정한 사랑을 찾는 방법은 세상이 무너져 내릴 때도 너에게 잘해 줄 사람을 찾는 거라는 얘기였다. 감기에 걸려 엉망이 되었을지라도 널 예쁘다고 생각해 줄 사람, 어깨에 기대 심하게 울어서 셔츠를 망쳐버릴지도 모르는데도 그냥 안아줄 사람. "상황이 좋을 때는 누군가를 사랑한다는 게 쉽지." 어머니는 그렇게 말씀하셨다.

* * *

진정 사랑한다는 것은 무엇인가? 상황이 좋을 때 누군가를 사랑하는 일은 쉽다It's easy to love someone when things are good. '무엇'이 아니라 '누구'에 몰입된 사랑. 겉모습이 아니라 존재 자체에 대한 사랑. 나약한 나를 안아주는 사랑. 이것이 바로 진정 사랑한다는 것 아닐까.

crash down 무너져 내리다, 붕괴하다 | flu 독감 | weep 울다, 눈물을 흘리다 | ruin ~를 망가뜨리다

it's easy to love someone when things are good

캐롤라인 리비트Caroline Leavitt는 미국의 소설가이자 에세이 작가로, 대표작으로는 《Pictures of You》, 《Is This Tomorrow》, 《Cruel Beautiful World》 등이 있으며 국내에는 아직 번역 출간되지 않았다. 2013년에 발표된 《Is This Tomorrow》는 1950년대 미국의 교외를 배경으로 하여 미스터리한 실종 사건과 그에 따른 드라마를 다루고 있다.
1956년 보스턴 교외, 미혼모인 애바 라크는 12세 아들 루이스와 함께 살고 있다. 애바는 유대인이며 이혼녀로 당시 보수적인 이웃들에게 따돌림을 당한다. 그녀는 아들과의 생계유지와 안정된 삶을 이루기 위하여 투쟁적으로 일한다. 루이스는 로우즈와 그녀의 남동생인 지미와 가까이 지낸다. 그러던 어느 날 지미가 갑자기 흔적도 없이 실종되면서 이들은 혼란에 빠진다. 그의 실종 사건은 해결되지 않은 채 세월이 흘러 성인이 된 루이스와 로우즈는 지미에게 무슨 일이 있었던 건지 진실을 밝히기 위해서 다시 한번 과거를 파헤치기 시작한다.

Is This Tomorrow, Caroline Leavitt, Algonquin Books, 2013

095
애덤 실베라 They Both Die at the End 두 사람 다 죽는다

No one wants to die. Even people who want to go to heaven don't want to die to get there. And yet death is the destination we all share. No one has ever escaped it. And that is as it should be, because Death is very likely the single best invention of Life. It is Life's change agent. It clears out the old to make way for the new. —Steve Jobs

누구도 죽고 싶어 하지 않습니다. 심지어 천국에 가고 싶어 하는 사람들조차도 죽어가면서까지 그곳에 가고 싶어 하지는 않습니다. 그럼에도 불구하고, 죽음은 우리가 모두 공유하는 목적지입니다. 지금까지 그 누구도 죽음을 피한 사람은 없습니다. 그리고 그것은 원래 그렇게 되어야만 합니다. 왜냐하면 죽음은 어쩌면 삶이 만들어낸 최고의 발명품이기 때문입니다. 죽음은 삶의 변화를 이끄는 매개체입니다. 죽음은 오래된 것을 정리하고 새로운 것에 자리를 내줍니다. —스티브 잡스

* * *

죽음은 모두에게 평등하다. 우리가 원하지 않아도 죽음은 모두에게 열려 있는 the destination we all share 공통된 길이다. 그러나 죽음은 삶 이후에 자연스럽게 이어지는 연결체이며 죽음이 남긴 자리는 새로움으로 채워진다는 메시지가 마음에 든다.

destination 목적지 | escape ~에서 탈출하다 | That is as it should be. 당연하다. | likely ~할 공산이 있는 | single 단 하나의 | agent 움직임의 원인, 중요한 작용을 하는 것 | clear out ~를 깨끗이 치우다, 청소하다 | make way for ~를 위해 길을 열어주다

death is the destination we all share

애덤 실베라Adam Silvera는 청소년 소설 분야의 작품들을 쓰는 미국 작가이다. 그의 작품은 현대적인 배경에 미래적 요소나 판타지를 섞는 경우가 많아서 독특한 서사로 주목받고 있다. 《They Both Die at the End두 사람 다 죽는다》는 2017년에 발표되었으며, 가까운 미래의 세계를 배경으로 한다. 이 세계에서는 데스-캐스트라는 회사가 사람들에게 죽는 날을 미리 알려준다. 그러나 정확한 시간이나 죽음의 원인은 알려주지 않는다. 소설은 데스-캐스트로부터 24시간 안에 죽게 될 것이라는 통보를 받은 10대 소년 마테오 토레즈와 루퍼스 에메테리오의 이야기를 따라간다.

마테오는 소심하고 내성적인 청년이며, 루퍼스는 반항적이고 대담한 성격이다. 두 사람은 서로 모르는 사이였지만, '마지막 친구'라는 앱을 통해 만난다. 이 앱은 죽음을 맞이하는 마지막 날에 그 마지막 순간을 혼자 외롭게 지내지 않도록 사람들을 연결하는 서비스이다. 마테오와 루퍼스는 마지막 하루를 최대한 의미 있게 보내기 위해 과거에는 그 누구와도 나누지 않았던 두려움, 기쁨, 슬픔 등 다양한 감정을 공유하며 서로에게 위로와 용기를 준다.

They Both Die at the End, Adam Silvera, Quill Tree Books, 2017
《두 사람 다 죽는다》, 애덤 실베라, 문학수첩, 2021년

096
존 그리샴 The Firm 그래서 그들은 바다로 갔다

"How do you like your coffee?"
"Black, but I'll fix it myself."
"I don't mind fixing your coffee for you. It's part of the job."
"I'll fix it myself."
"All the secretaries do it."
"If you ever touch my coffee, I'll see to it that you're sent to the mail room to lick stamps."
"We have an automated licker. Do they lick stamps on Wall Street?"
"It was a figure of speech."

"커피 어떻게 드세요?"
"블랙으로요. 제가 직접 타 마실 겁니다."
"제가 타 드려도 괜찮아요. 그게 제 일인데요."
"제가 타 마실게요."
"모든 비서가 다 하는 일이에요."
"제 커피에 손 대면 우편물실로 보내서 우표에 침이나 바르게 할 겁니다."
"회사에 자동으로 풀 바르는 기계 있어요. 월스트리트에는 사람이 직접 우표에 침 발라요?"
"말이 그렇다는 거죠."

* * *

유난히 좋은 대화가 많이 나오는 작품이다. 이 부분은 특히 회화에 도움이 되는 실용적 표현들이 많이 포함되어 있다. 커피를 직접 타 마시겠다는 표현을 I'll fix it myself. 라고 하는 자연스러움. 필사하면서 여기에 담긴 표현들을 모두 기억해도 유용할 것이다.

fix ~를 준비하다 | mind ~를 꺼리다 | see to it that ~하도록 조치를 취하다 | lick stamps 우표에 침 바르다 | a figure of speech 비유된 말

I'll fix it myself

1991년에 발표된 《The Firm 그래서 그들은 바다로 갔다》은 존 그리샴의 대표작들 중의 하나로, 젊고 야심 찬 변호사 미치 맥디어를 중심으로 전개되는 법률 스릴러이다. 미치 맥디어는 하버드 로스쿨을 갓 졸업하고 멤피스에 있는 작은 법률 사무소인 벤디니, 램버트&록크에 파격적인 대우를 받으며 입사한다. 그러나 미치의 기대와는 달리 이 회사는 마피아의 돈을 세탁하는 일을 하고 있다. 그 사실을 알게 될 때쯤 FBI가 미치에게 접근해 협조를 요청한다. 결국 FBI와 마피아가 동시에 미치를 노리는 딜레마에 빠지지만, 미치는 회사와 마피아 모두를 능가하는 계략을 펼친다.

The Firm, John Grisham, Vintage, 2010
《그래서 그들은 바다로 갔다》, 존 그리샴, 시공사, 2004년

마이클 코넬리 The Lincoln Lawyer 링컨 차를 타는 변호사

In a few minutes we broke free of the bottleneck. I looked out the window and saw no accident. I saw nobody with a flat tire and no highway patrol cruiser parked on the shoulder. I saw nothing that explained what had caused the traffic tie-up. It was often like that. Freeway traffic in Los Angeles was as mysterious as marriage. It moved and flowed, then stalled and stopped for no easily explainable reason.

잠시 후 우리는 병목현상에서 벗어났다. 창밖을 봤지만 사고는 보이지 않았다. 타이어가 펑크 난 차도 없었고 갓길에 세워진 고속도로 순찰차도 보이지 않았다. 무엇이 교통 정체를 유발했던 건지 설명해 줄 만한 어떤 요인도 보이지 않았다. 이런 일은 자주 있었다. LA의 고속도로 교통은 결혼만큼이나 미스터리였다. 막힘없이 원활하게 잘 진행되다가도 별다른 이유 없이 멈추고 정체되곤 했다.

* * *

우리가 일상에서 흔히 쓰는 매우 실용적인 표현들이다. 이유를 쉽게 설명할 수 없는 no easily explainable reason 복잡한 교통체증처럼, 우리가 통제할 수 없는 예상치 못한 장애물이나 혼잡한 상황을 결혼 생활에 빗댄 작가의 통찰력을 느낄 수 있다.

break free of ~로부터 자유로워지다 | bottleneck 병목현상 | flat tire 펑크 난 타이어 | patrol cruiser 순찰차 | shoulder 갓길 | traffic tie-up 교통정체 | flow 흘러가다 | stall 갑자기 속도가 심하게 줄어들다 | explainable 설명할 수 있는

for no easily explainable reason

《The Lincoln Lawyer 링컨 차를 타는 변호사》는 2005년에 발표된 마이클 코넬리의 법정 스릴러 소설로, 주인공 미키 할러 시리즈의 첫 번째 작품이다. 미키 할러는 주로 링컨 타운카 뒷좌석에서 일하는 독특한 인물로, 이 점 때문에 '링컨 변호사'라 불린다. 이야기는 할러가 루이스 룰렛이라는 LA의 부유한 플레이보이를 변호하면서 시작된다. 룰렛은 한 여성을 폭행한 혐의를 받고 있지만 무죄를 주장한다. 이 사건을 깊이 파헤칠수록 할러는 거대한 속임수와 복잡한 음모를 발견하고 자신마저 위험해질 수 있다는 사실을 깨닫는다. 결국 이 사건은 생존을 위한 싸움으로 변한다.

The Lincoln Lawyer, Michael Connelly, Orion, 2009
《링컨 차를 타는 변호사》, 마이클 코넬리, 알에이치코리아, 2015년

마이클 코닐리 The Reversal 파기환송

The truth was, there was nothing in the law that I objected to more than the death penalty. It was not that I had ever had a client executed or even tried such a case. It was simply a belief in the idea that an enlightened society did not kill its own. But somehow that didn't stop me from using the threat of the death penalty as an edge in the case.

사실, 내가 법에서 가장 반대했던 것은 사형제도였다. 내 의뢰인이 사형당했던 적이 있거나 내가 그런 사건을 맡아본 적이 있었던 건 아니었다. 그건 문명화된 사회라면 자국민에게 사형을 집행하지 않는다는 신념일 뿐이었다. 하지만 왠지 모르게, 나는 사형이 선고될 수 있다는 협박을 그 사건에서 우위를 점하기 위한 수단으로 이용했다.

* * *

계몽된 사회는 자국민을 죽일 수 없다는 생각에 사형제도를 반대하는 견해지만, 실제 살인사건을 맡아보니 사형을 위협의 도구로 사용하게 된다는 using the threat of the death penalty as an edge, 신념과 현실 사이의 모순이 드러나는 순간이다.

object to ~에 반대하다 | death penalty 사형 | client 의뢰인 | execute 처형하다, 사형하다 | simply 그저, 단순히 | a belief in ~에 대한 믿음 | enlightened 계몽된, 진보된 | kill its own 자기 구성원을 죽이다 | stop me from 내가 ~하는 것을 막다 | threat 협박 | edge 우위

using the threat of the death penalty as an edge

《The Reversal파기환송》은 2010년에 발표된 마이클 코넬리의 미키 할러 시리즈 중 하나이다. 할러는 세간의 이목이 쏠린 사건을 맡게 되는데, 무죄를 주장하는 아동 성범죄자 제이슨 제섭을 변호하는 일이다. 이 사건에는 새로운 증거를 바탕으로 재판을 다시 열어야 하는 복잡한 법적, 윤리적 문제가 얽혀 있다. 할러는 사건을 조사하는 중에 위험하고 복잡한 상황에 휘말리게 되고, 개인적 희생까지 당한다.

The Reversal, Michael Connelly, Little, Brown and Company, 2010
《파기환송》, 마이클 코넬리, 알에이치코리아, 2016년

099

파울로 코엘료 The Alchemist 연금술사

I don't live in either my past or my future. I'm interested only in the present. If you can concentrate always on the present, you'll be a happy man. You'll see that there is life in the desert, that there are stars in the heavens, and that tribesmen fight because they are part of the human race. Life will be a party for you, a grand festival, because life is the moment we're living right now.

나는 과거에도 미래에도 살지 않는다. 오직 현재에만 관심이 있다. 언제나 현재에 집중할 수 있다면, 당신은 행복한 사람이 될 것이다. 사막에도 생명이 있다는 걸 알게 될 것이고, 하늘에는 별들이 있다는 것도 알게 될 것이고, 부족들은 그들도 역시 인간이기 때문에 싸운다는 사실도 알게 될 것이다. 삶은 당신에게 파티가 될 것이다. 성대한 축제가 될 것이다. 삶은 바로 지금 우리가 살아가고 있는 이 순간이기 때문이다.

***

삶의 본질은 지금, 여기에 있다. 인간 존재는 지금, 현재에 진실하게 드러난다. 현재에 집중하면 세계를 다르게 인식할 수 있으며 삶이 파티요, 축제가 된다 life will be a party for you, a grand festival는 철학적 메시지이다.

be interested in ~에 관심 있다 | concentrate on ~에 집중하다 | heavens 하늘 | tribesmen 부족 구성원, 사람들 | human race 인류, 사람 | moment 순간

life is the moment we're living right now

브라질 태생의 작가 파울로 코엘료Paulo Coelho는 자기 계발과 철학적인 주제를 다루는 소설들로 유명하다. 1988년 발표한 첫 소설《The Alchemist 연금술사》가 큰 성공을 거두면서 국제적인 명성을 얻게 되었다. 파울로 코엘료의 작품들은 주로 내면의 탐구, 꿈과 열망, 영적 여정 등을 다루며, 삶의 의미와 진정한 자아를 발견하고 자신의 길을 찾는 용기를 준다.

어린 양치기 산티아고는 꿈에서 본 이집트의 피라미드를 찾기 위해 여행을 떠난다. 그 과정에서 자신의 진정한 자아를 발견하고, 꿈을 이루기 위해 필요한 모든 것을 자신이 이미 갖추고 있었음을 깨닫는다.

The Alchemist, Paulo Coelho, HarperTorch, 1993
《연금술사》, 파울로 코엘료, 문학동네, 2018년

니콜라스 스파크스 The Notebook 노트북

We sit silently and watch the world around us. This has taken us a lifetime to learn. It seems only the old are able to sit next to one another and not say anything and still feel content. The young, brash and impatient, must always break the silence. It is a waste, for silence is pure. Silence is holy. It draws people together because only those who are comfortable with each other can sit without speaking. This is the great paradox.

우리는 말없이 앉아서 주변 세상을 지켜본다. 평생을 걸려 알게 되었다. 오직 나이 든 사람들만이 나란히 앉아 아무 말을 하지 않고도 서로에게 계속 만족감을 느낄 수 있는 것 같다. 젊은이들은 경솔하고 조급해서 항상 침묵을 깨고야 만다. 그건 낭비다. 왜냐하면 침묵은 순수하고, 침묵은 신성한 것이기 때문이다. 침묵은 사람들을 더 가깝게 만든다. 말없이 함께 앉아 있을 수 있는 사이는 진정 편한 사이이기 때문이다. 이것이 바로 삶의 위대한 역설이다.

*＊＊

침묵을 단순히 '말 없음'이 아닌 존재의 상태, 관계의 깊이로 보고 있다. 진정한 유대는 말을 통해서가 아닌 비언어적 연결에 의해서 이루어진다. 침묵은 순수하다 silence is pure. 말하지 않아도 안다. 그래서 따뜻하다.

silently 아무 말없이 | take us a lifetime 우리에게 평생 걸리다 | next to ~의 바로 옆에 | one another 서로 | content 만족하는 | brash 자신만만한, 경솔한 | impatient 참지 못하고 안달하는 | break the silence 침묵을 깨다 | waste 낭비 | holy 성스러운, 신성한 | draw ~를 당기다 | comfortable 편안한 | paradox 역설

silence is pure. silence is holy

《The Notebook노트북》은 1996년에 발표된 니콜라스 스파크스의 첫 소설로, 영화화되어 큰 인기를 얻기도 했다. 17세의 나이에 우연히 만나 사랑하게 된 주인공 노아와 앨리. 하지만 부잣집 딸과 목재소 청년이라는 신분의 차이가 이들을 강제로 떼어 놓는다. 7년의 세월이 흘러 두 사람은 다시 만나게 되지만, 앨리에게는 결혼할 남자가 있다.

The Notebook, Nicholas Sparks, Sphere, 2011
《노트북》, 니콜라스 스파크스, 모모, 2024년

크리스틴 해나 Night Road 나이트 로드

She had gone a whole hour without thinking about her heartache. That might not sound like much to some people, but to her it was monumental, like swimming the English Channel. It offered her a glimpse of something she'd given up on: the possibility of being herself again, of even someday being happy with her life. She knew she could never let go of her sadness, but maybe she could go on.

그녀는 한 시간 내내 마음의 상처를 떠올리지 않았다. 그것이 어떤 사람에게는 별것 아닐지 몰라도 그녀에게는 엄청난 일이었다. 마치 영국 해협을 수영해서 건넌 것과 비교될 정도였다. 그건 그녀가 이미 포기했던 뭔가를 잠깐 엿볼 수 있게 해주었다. 다시 예전의 자신으로 돌아갈 수 있다는 가능성. 그리고 언젠가는 자신의 삶에 만족하며 행복해질 수 있다는 희망. 그녀는 자신의 슬픔을 결코 떨쳐낼 수는 없다는 걸 잘 알고 있었다. 하지만 어쩌면, 그 슬픔을 안고서도 계속 살아갈 수는 있을지도 모른다고 생각했다.

***

어떤 슬픔에 압도되어 벗어나지 못하다가 어느 순간에 다른 생각들로 한 시간 동안 슬픔을 잊고 있었다는 것은 그녀가 다시 자신으로 돌아가 살 수 있다는 가능성the possibility of being herself again과 희망을 발견했다는 의미이다. 희망이 보이는 순간을 매우 감성적으로 표현한다.

| heartache 심적 고통 | sound like much 대단하게 들리다 | monumental 기념비적인 | the English Channel 영국 해협 | offer ~를 제공하다 | glimpse 잠깐 봄 | give up on ~를 포기하다 | let go of ~를 지우다, ~를 없애다 | go on 살아가다

the possibility of being herself again

《Night Road 국내 미출간》는 2011년에 발표된 크리스틴 해나의 소설로, 세 명의 주요 인물, 렉시 베일, 미아 패러데이, 잭 패러데이를 중심으로 전개된다. 렉시는 어린 시절을 위탁 가정에서 보내며 여러 집을 전전하다가 마침내 고모인 에바와 함께 살면서 안정된 삶을 시작한다. 새로운 학교에서 렉시는 미아를 만나고, 둘은 가장 친한 사이가 된다. 미아의 쌍둥이 오빠인 잭과 함께 셋이 끈끈한 우정을 쌓아가는 중에 렉시와 잭은 서로를 이성으로서 좋아하게 된다. 둘의 관계를 미아가 알게 되면서 세 사람 사이에 갈등이 생긴다. 어느 날, 잭이 음주운전으로 교통사고를 내고, 이후 이들의 관계는 산산조각이 난다.

Night Road, Kristin Hannah, St. Martin's Press, 2011

102
프레야 샘슨 The Last Library 마지막 도서관

Libraries aren't just about books. They're places where an eight-year-old boy can have his eyes opened up to the wonders of the world, and where a lonely eighty-year-old woman can come for some vital human contact. Where a teenager can find precious quiet space to do her homework and a recently arrived immigrant can find a new community. Libraries are places where everyone, rich or poor, wherever they come from in the world, can feel safe.

도서관은 단지 책만 있는 곳이 아니다. 여덟 살 소년이 세상의 경이로움에 눈뜰 수 있는 곳이며, 외로운 여든 살 여성이 사람들과 활기찬 접촉을 위해서 찾아올 수 있는 곳이기도 하다. 10대 청소년이 조용히 숙제하는 귀중한 공간을 찾을 수 있는 곳이고, 최근에 이주해 온 이민자가 새로운 공동체를 만날 수 있는 곳이다. 도서관은 부자든 가난하든, 어느 나라에서 왔든 누구나 안심할 수 있는 공간이다.

＊＊＊

나는 도서관을 좋아한다. 도서관에 앉아 있으면 책이 많은 공간 이상의 aren't just about books 기능을 느끼는데, 설명할 만한 선명한 그림이 그려지지 않았다. 평이한 단어들로 설득력 있게 설명하는 이 글을 접하고 속이 후련해졌다. 그렇지, 도서관은 이런 공간이지.

eyes are opened up to ~에 눈 뜨다 | vital human contact 사람들과 활기찬 접촉 | precious 소중한, 귀한 | recently 최근에 | immigrant 이민자 | feel safe 안정감을 느끼다, 안심하다

libraries aren't just about books

프레야 샘슨Freya Sampson은 영국의 소설가로, 2021년에 발표한 첫 소설 《The Last Library국내 미출간》로 주목을 받았다. 소설가로 활동하기 전에 텔레비전 프로듀서로 성공적인 경력을 쌓았던 경험이 그녀의 스토리텔링 능력에 큰 영향을 주었다.

이야기는 영국의 작은 마을에 있는 찰콧 도서관에서 거의 평생을 일하고 있는 내성적인 젊은이 준 존스를 중심으로 전개된다. 준은 어머니가 돌아가신 후 세상과 단절된 채 조용하고 예측할 수 있는 삶에 위안을 찾으며 살아왔다. 그런데 예산 삭감으로 인해 도서관이 폐쇄될 위기에 처한다. 준은 도서관을 지키기 위해 싸우면서 각기 다른 사연이 있는 도서관 이용자들과 교류하게 되고, 그들과의 만남을 통해 도서관이 사람들에게 얼마나 중요한지를 깨닫는다.

The Last Library, Freya Sampson, Zaffre, 2021

콜린 후버 Reminders of Him 리마인더스 오브 힘

I take a drink of my coffee and close my eyes and cry because life can be so cruel and hard, and I've wanted to quit living it so many times, but then moments like these remind me that happiness isn't some permanent thing we're all trying to achieve in life, it's merely a thing that shows up every now and then, sometimes in tiny doses that are just substantial enough to keep us going.

나는 커피를 한 모금 마시고 눈을 감은 채 울음을 터뜨린다. 삶이 이렇게까지 고통스럽고 힘들 수 있다니. 그래서 삶을 수도 없이 포기하고 싶었다. 하지만 커피를 마시며 울음을 터뜨리는 이런 순간들이 상기시켜 준다. 행복은 모두가 인생에서 성취하고자 하는 '영원히 지속되며 변하지 않는 것'이 아니라, 단지 가끔 모습을 드러내는 것뿐이며, 때로는 간신히 버텨 나갈 수 있을 만큼의 아주 적은 양으로 나타난다는 것이다.

***

힘든 시기가 찾아올 때마다 행복의 의미를 되새겨봐야 한다. 행복은 영원하지 않다. 행복은 뜬금없이 다가와 우리가 버틸 수 있을 만큼의 아주 적은 에너지만 just substantial enough to keep us going 던져주고 다시 떠나는 것이다.

take a drink of ~를 마시다 | cruel 잔인한, 고통스러운 | remind 상기시키다 | permanent 영원한, 영구적인 | achieve 이루다, 성취하다 | merely 단순히 | show up 나타나다 | every now and then 가끔 | in tiny doses 아주 적은 양으로 | substantial 양이 상당한 | keep us going 우리를 지탱하다, 견디게 하다

just substantial enough to keep us going

《Reminders of Him리마인더스 오브 힘》은 콜린 후버의 대표작 중 하나로 2022년에 발표되었다. 주인공 케나 로완은 자신의 실수로 남자 친구 스코티 랜드리가 죽게 되어 감옥에서 5년을 복역한다. 케나는 그곳에서 스코티의 딸 디엠을 출산하지만, 스코티의 부모가 디엠을 맡아 기르면서 딸을 한 번도 만나지 못한다. 케나는 출소 후 이 비극이 발생했던 마을로 돌아오지만 딸에게 접근조차 할 수 없다. 이 와중에 케나에게 친절을 베푸는 유일한 사람은 스코티의 절친이었던 레저 워드이다. 케나의 정체를 알지 못했던 레저는 시간이 지나면서 진실을 알게 되고, 스코티의 가족과 케나 사이에서 갈등한다.

Reminders of Him, Colleen Hoover, Montlake, 2022
《리마인더스 오브 힘》, 콜린 후버, 미래지향, 2024년

104

엠마 도노휴 Room룸

"Why are places to eat called coffee shops?" I ask him.
"Well, coffee's the most important thing they sell because most of us need it to keep us going, like gas in the car."
Ma only drinks water and milk and juice like me,
I wonder what keeps her going.

"왜 음식 먹는 곳을 커피숍이라고 불러요?" 그에게 묻는다.
"그게, 커피가 가게에서 판매하는 것 중에서 가장 중요한 거니까 그래. 우리들 대부분은 커피를 마셔야 힘을 낼 수 있거든. 자동차에 필요한 기름 같은 거란다."
우리 엄마는 나처럼 물과 우유, 주스만 마시는데 엄마는 어떻게 힘을 내서 일하는 걸까?

* * *

어린이의 시선으로 바라본 세상의 언어, 그리고 세상의 언어를 이해해 가는 과정. 커피를 마치 자동차의 기름과 같은 like gas in the car 삶의 원동력으로 비유하는 어른의 표현을 아이가 문자적으로 해석하는 모습에서 문학적 언어유희를 볼 수 있다.

be called ~라 불리다 | keep us going 우리를 버티게 하다, 우리에게 힘을 주다 | wonder ~이 궁금하다

need it to keep us going, like gas in the car

엠마 도노휴Emma Donoghue는 아일랜드 출신의 캐나다 작가이자 극작가이다. 2010년에 발표된 소설 《Room룸》은 맨부커상 최종 후보에 올랐으며, 2015년에 영화로도 각색되었다. 이 작품은 5세 소년 잭의 시점에서 진행된다. 잭과 엄마는 아주 작은 방에서 산다. 소리는 외부와 차단되어 있으며, 방은 밖에서 자물쇠로 채워진 상태이다. 잭은 이 방에서 태어났고, 이 방이 그가 아는 유일한 세상이다. 엄마는 비밀리에 탈출 계획을 세우고, 잭이 성장하면서 그 절박함은 더욱 커진다.

Room, Emma Donoghue, Little, Brown and Company, 2010
《룸》, 엠마 도노휴, 아르테, 2024년

105
스티븐 킹 11/22/63

Sometimes a man and a woman reach a crossroads and linger there, reluctant to take either way, knowing the wrong choice will mean the end…and knowing there's so much worth saving. That's the way it was with Sadie and me during that unrelenting gray winter of 1962. We still went out to dinner once or twice a week, and we still went to the Candlewood Bungalows on the occasional Saturday night.

때때로 남자와 여자는 인생의 중요한 갈림길에 이르러 한참을 머뭇거린다. 어느 쪽 길을 선택할지 결정하지 못하면서 말이다. 잘못된 선택이 끝을 의미한다는 사실을 알기에. 그리고, 여전히 지켜야 할 것들이 너무 많다는 사실을 알기에. 새디와 나의 경우가 그랬다. 1962년, 끝없는 회색빛 겨울이었다. 우리는 여전히 일주일에 한두 번은 저녁 외식을 했고, 가끔 토요일 밤이면 캔들우드 방갈로에도 갔다.

***

이별에 직면한 두 사람. 추억을 모두 버려야 하는 걸까. 이별이 답인 줄 알면서도 그동안 쌓아온 것들이 너무 소중해서 머뭇거린다 reluctant to take either way. 익숙함에 물든 연인은 관계의 끝을 망설이게 된다.

---

reach a crossroads 기로에 서다 | linger 오래 머물다 | reluctant 꺼리는, 주저하는 | worth ~할 값어치가 있는 | unrelenting 끊임없이 계속되는 | occasional 가끔의

linger there, reluctant to take either way

《11/22/63》는 스티븐 킹이 2011년에 발표한 시간 여행 소설로, 역사를 바꾸는 데 따르는 도덕적 딜레마에 관한 흥미진진한 이야기이다. 주인공 제이크 에핑이 동네 식당의 뒷방에서 시간의 문, 즉 타임 포탈을 발견하면서 이야기가 시작된다. 이 포탈은 토끼 굴rabbit hole로 불리며 과거의 어느 날로 연결된다. 제이크가 과거에 얼마 동안 머물렀든 상관없이 현재로 돌아오면 그동안 단 2분만 흐른 상태이다. 제이크가 현재로 돌아온 뒤 다시 포탈을 통해 과거로 돌아가면 이전 방문하는 동안 이루어졌던 모든 변화는 초기화된다. 11/22/63은 1963년 11월 22일을 나타내며, 그날은 존 F. 케네디 대통령이 암살된 날이다.

11/22/63, Stephen King, Scribner, 2011
《11/22/63》, 스티븐 킹, 황금가지, 2012년

106
샐리 쏜 The Hating Game 헤이팅 게임

I have a theory. Hating someone feels disturbingly similar to being in love with them. I've had a lot of time to compare love and hate, and these are my observations. Love and hate are visceral. Your stomach twists at the thought of that person. The heart in your chest beats heavy and bright, nearly visible through your flesh and clothes. Your appetite and sleep are shredded. Your body is barely under your control. You're consumed, and it scares you.

내겐 하나의 이론이 있다. 누군가를 미워하는 감정은 놀랍게도 그 사람을 사랑할 때 느끼는 감정과 아주 비슷하다는 것이다. 그동안 많은 시간을 들여 사랑과 미움을 비교했고, 이것이 그 관찰을 통해 얻은 결론이다. 사랑과 미움은 본능적이다. 그 사람을 생각하면 속이 뒤틀린다. 가슴 속 심장은 강하고 생생하게 뛰어서 살과 옷을 뚫고 나와 눈에 보일 정도이다. 식욕과 수면은 갈기갈기 찢어져 엉망이 된다. 몸은 거의 통제 불능 상태이다. 감정에 완전히 압도되어 겁이 날 정도이다.

***

사랑과 미움은 본능적이다Love and hate are visceral. 증오의 감정과 사랑의 감정이 닮았다는 화자의 이론에 순간 몰입이 된다. 사랑과 증오가 우리 신체에 동일하게 미치는 작용과 심리적 반응을 밀도 있는 단어로 명쾌하고 속도감 있게 표현한다.

disturbingly 충격적이게도 | similar to ~와 유사한 | visceral 본능적인, 강한 감정에 지배되는 | twist 비틀어지다 | heavy 강하게 | visible through your flesh and clothes 살과 옷을 뚫고 나와 눈에 보이는 | shred 갈가리 찢다 | barely 거의 ~가 아니게 | under one's control 통제하에 있는 | consumed 강렬한 감정에 압도되는, 사로잡힌 | scare 겁주다

love and hate are visceral

샐리 쏜Sally Thorne은 호주 출신의 작가로, 2016년에 첫 소설 《The Hating Game헤이팅 게임》을 발표했다. 이 작품은 로맨스 소설로 큰 성공을 거두었으며, 재치 있는 대사와 매력적인 캐릭터로 독자와 평단 양쪽에서 호평을 받았다.

이야기는 루시 허튼과 조슈아 템플먼 사이를 중심으로 전개된다. 두 사람은 근래에 합병된 두 경쟁 출판사의 공동 CEO들의 비서로 각각 일하고 있다. 자연스레 경쟁 관계에 놓인 두 사람은 많은 시간을 함께하면서 서로를 다른 눈으로 보기 시작한다.

The Hating Game, Sally Thorne, Avon, 2016
《헤이팅 게임》, 샐리 쏜, 파피펍, 2021년

107
다니엘 스틸 Special Delivery 중년의 사랑

We give them so much when they're little, and when we think it's finally our turn, they turn around and tell us it isn't. We don't have a turn. As far as they're concerned, we're on their time. I think you just have to do what you're doing and make your own life. If they can live with it, fine. If they can't, let them deal with it. We can't give up the rest of our lives for our children.

아이들이 어릴 때는 우리가 그들에게 아주 많은 것을 준다. 우리가 마침내 돌려받을 차례라고 생각할 때 아이들은 돌아서서 우리에게 그게 아니라고 말한다. 우리의 차례라는 건 없다. 아이들이 생각하기에 우리는 그저 자기들의 시간에 맞춰서 움직이는 존재일 뿐이다. 당신은 그저 지금 하고 있는 일을 계속하면서 자신만의 인생을 만들어 나가면 된다. 아이들이 그런 당신을 받아들일 수 있다면, 좋은 일이다. 아이들이 받아들일 수 없다면, 당신은 그냥 아이들이 알아서 감당하도록 놔두면 된다. 아이들 때문에 우리의 남은 인생을 포기할 수는 없다.

* * *

조건 없이 베푸는 자식에 대한 사랑. 하지만 그 사랑에 대한 보답은 없다. 자식의 반응을 신경 쓰지 말고 let them deal with it, 자신의 삶을 주체적으로 살아야 하고 자기만의 인생을 포기하지 말아야 한다는 메시지이다.

turn 차례 | turn around 돌아서다, 몸을 돌리다 | as far as they're concerned 그들 생각에는 | live with ~를 받아들이다 | deal with ~를 처리하다, 감당하다

if they can't, let them deal with it

《Special Delivery 국내 미출간》는 1997년에 발표된 다니엘 스틸의 작품으로 사랑의 힘과 나이에 상관없이 기회를 잡는 것의 중요성에 대한 메시지를 전한다. 이야기는 중년의 두 인물, 잭 왓슨과 아만다 로빈스를 중심으로 전개된다. 잭은 매력적이고 성공한 50대 남성으로, 베벌리힐스에서 부티크를 운영하고 있다. 그는 독신 생활에 만족하며 자유로운 삶을 즐기고 있다. 아만다 로빈스는 전직 여배우로, 남편의 죽음 이후 독립적으로 살며 다시는 사랑에 빠지고 싶지 않다. 성격과 애정관이 너무도 다른 두 사람은 우연한 기회에 서로에게 끌린다.

Special Delivery, Danielle Steel, Dell, 2009

캐서린 월시 *Snowed In* 스노우드 인

I'm falling in love with you. I'm falling hard and fast and I don't want to stop. But I don't expect you to *feel the same way*. I swear, I don't. We can take this slow, and if that means breaks or time apart, then we can do that. But I want you to know where I stand. I want to spend next Christmas with you. And every day in between. I want to wake up knowing I'm going to see you.

나는 지금 당신에게 빠져들고 있어요. 강하고 빠르게 빠져들고 있는 이 사랑을 멈추고 싶지 않아요. 하지만 당신도 나처럼 느끼기를 기대하지는 않아요. 정말이에요. 우리 천천히 가도 돼요. 그게 잠시 거리를 두거나 떨어져 있는 걸 의미한다면, 그렇게 해도 괜찮아요. 하지만 내 마음이 어떤지 알아줬으면 좋겠어요. 다가오는 크리스마스를 당신과 함께 보내고 싶어요. 그리고 그 사이의 모든 날도요. 아침에 눈을 뜰 때, 당신을 볼 거라는 생각에 설레고 싶어요.

* * *

매일매일을 every day in between 함께하고 싶은 사랑. 이 멈출 수 없는 사랑을 차고 넘치는 문학적 감성으로 전하고 있다. 응답 없는 사랑에 대한 슬픔과 고독, 그리고 그것들을 낭만처럼 들리게 하는 표현법이 좋다. 마지막 문장에서 기도문 같은 감성도 느낄 수 있다.

fall hard 강하게 빠져들다 | feel the same way 같은 기분이다 | take this slow 서두르지 않고 천천히 행하다 | break 잠깐의 휴식 | time apart 서로 떨어져 있는 시간 | where I stand 내가 어디에 서 있는지, 내가 어디에서 무슨 생각을 하고 있는지 | every day in between 그 사이의 매일매일 | knowing 이미 ~를 알고 있는 상태로

and every day in between

캐서린 월시Catherine Walsh는 아일랜드 출신의 작가로, 대체로 유쾌하고 따뜻한 로맨틱 코미디 소설로 인기를 얻고 있다. 캐릭터는 독자들이 쉽게 공감할 수 있고 줄거리도 매력적이다. 《Snowed In국내 미출간》은 2023년에 발표된 작품이다.

메건은 크리스마스 연휴에 집에 가는 것이 싫다. 4년 전, 마을의 인기인인 아이작과의 결혼식 날 도망을 간 데다 올해에만 네 번째 남자에게 차인 상태이기 때문이다. 크리스천은 매년 크리스마스에 혼자 있는 것이 지겹다. 스스로는 혼자인 게 상관없지만, 그런 자신을 바라보는 가족들의 눈빛과 말투가 싫기 때문이다. 메건과 크리스천은 더블린의 한 술집에서 우연히 만나 연말을 무사히 넘기기 위한 계획을 세운다. 서로의 가짜 데이트 상대가 되기로 한 것이다. 그들은 서로의 가족 모임에 참석하고 엄청나게 사랑에 빠진 것처럼 행동하기로 한다.

Snowed In, Catherine Walsh, Bookouture, 2023

109
리브 콘스탄틴 The Wife Stalker 와이프 스토커

These are toxic people who need to be cut from your life without a backward glance. Maybe it's your mother or your father. A sister or a brother. It doesn't matter. If they're not having a positive influence on your life, they don't belong in it. Find a new sister, a new brother. Blood is not destiny. True connection arises out of mutual respect and benefit. Take a good look around you, identify them, and eliminate these blood-sucking parasites now. Before they ruin your life.

이런 사람들은 잠깐 뒤돌아볼 필요도 없이 당신의 삶에서 반드시 제거되어야 할 해로운 사람들입니다. 그게 당신의 어머니, 아버지일 수도 있습니다. 형제자매일 수도 있지요. 그런 건 상관없습니다. 그들이 당신에게 긍정적인 영향을 주지 못하면, 그들은 당신의 삶에 속해 있을 자격이 없는 겁니다. 새로운 형제, 새로운 자매를 찾으세요. 피가 운명을 결정하는 건 아닙니다. 진실한 관계는 상호 간의 존중과 이익에서 비롯됩니다. 주변을 잘 둘러보고 그런 사람들을 찾아보세요. 이런 피 빨아먹는 기생충 같은 인간들을 지워버리세요. 그들이 당신의 삶을 망쳐버리기 전에.

* * *

아무리 가족이라도 내게 해롭고 부정적인 영향을 준다면 그 관계는 끊어야 한다. 관계에 필요한 것은 상호 존중과 정서적 이익이며 out of mutual respect and benefit, 나를 존중하고 지지해 주는 사람들과 새로운 관계를 맺는 것에 주저하지 말아야 한다.

toxic 유독성의, 유독한 | a backward glance 잠깐 뒤돌아봄 | have a positive influence on ~에 긍정적인 영향을 미치다 | belong in ~에 속하다 | arise 일어나다, 발생하다 | mutual 서로의 | identify ~를 찾다, ~를 확인하다 | eliminate ~를 제거하다, 없애다 | parasite 기생충, 기생충 같은 사람

true connection arises out of mutual respect and benefit

《The Wife Stalker 국내 미출간》는 2020년에 발표된 리브 콘스탄틴의 소설로, 두 주인공인 조아나와 파이퍼를 중심으로 이야기가 진행된다. 치료사인 조아나는 남편 레오와 두 아이에게 헌신하고 있다. 그녀의 안정된 삶은 파이퍼라는 매혹적이고 수수께끼 같은 여자가 등장하면서 서서히 무너지기 시작한다. 파이퍼는 레오를 유혹하는 데 성공하고, 레오와 조아나와의 결혼 생활은 끝나버린다. 절망에 빠진 조아나는 파이퍼의 비밀을 파헤치기 시작하고, 진실에 가까워질수록 조아나는 점점 고립되며 모두가 그녀의 정신 상태를 의심하는 지경에 이른다.

The Wife Stalker, Liv Constantine, Harper, 2020

데이비드 니콜스 One Day 원데이

"Live each day as if it's your last", that was the conventional advice, but really, who had the energy for that? What if it rained or you felt a bit glandy? It just wasn't practical. Better by far to simply try and be good and courageous and bold and to make a difference. Not change the world exactly, but the bit around you. Cherish your friends, stay true to your principles, live passionately and fully and well. Experience new things. Love and be loved, if you ever get the chance.

'하루하루를 마지막 날인 것처럼 살라.' 흔히 들을 수 있는 조언이었지만, 과연 누가 그럴 만한 에너지를 갖고 살았을까? 비가 오거나 조금이라도 무력감을 느끼는 날에는 어떻게 했을까? 그건 그다지 현실성 있는 조언이 아니었다. 차라리 착하고 용기 있고 담대하게 살면서 무언가 작은 변화를 만들어 내는 게 훨씬 더 낫다. 꼭 세상을 바꾸라는 게 아니라 자기 주변의 일부라도 변화를 주는 것이다. 친구들을 소중히 여기고, 자신의 신념을 지키며, 열정적이고 충실하게, 그리고 품위 있게 살라. 새로운 것들을 경험하라. 기회가 온다면 사랑하고 사랑받으라.

* * *

무리한 목표를 세우고 힘들게 살기보다는 작은 것부터 변화를 주며 의미 있게 살자. 주변에 관심을 보이고 자신의 신념을 지키며 새로운 것을 시도하자. 무엇보다 사랑을 외면하지 말자. 기회가 있다면, 사랑하고, 사랑받자 love and be loved.

conventional 관례적인, 전통적인 | glandy 피곤하고 무기력한 | practical 현실적인, 현실성 있는 | by far 훨씬 | make a difference 변화를 주다, 영향을 주다 | the bit 일부분 | cherish ~를 소중히 여기다 | stay true to ~에 충실하다 | principle 원칙, 신조 | passionately 열정적으로 | fully 능력이 닿는 한 모든 것을 다 | live well 의미 있게 잘 살다 | get the chance 기회를 잡다

love and be loved, if you ever get the chance

데이비드 니콜스David Nicholls는 영국의 소설가이자 시나리오 작가이며 배우이기도 하다. 2003년에 《Starter for Ten국내 미출간》을 발표하며 소설가로 등단했고, 《One Day원 데이》는 그의 세 번째 소설이다.
이야기는 엠마 몰리와 덱스터 메이휴를 중심으로 전개된다. 두 사람은 1988년 7월 15일 대학교 졸업식에서 처음 만난다. 그 후 20년 동안 매년 같은 날에 그들의 삶이 어떻게 변화하는지를 보여준다. 엠마는 작가가 되기를 꿈꾸는 이상주의적인 성격의 평범한 여성이고, 덱스터는 부유하고 매력적이지만 책임감이 부족한 남자로 TV 진행자가 된다. 두 사람은 서로 다른 배경과 삶의 길을 걷지만, 깊은 유대감을 공유하며 우정과 사랑 사이를 오간다.

One Day, David Nicholls, Vintage, 2010
《원 데이》, 데이비드 니콜스, 호메로스, 2015년

실비아 데이 Reflected in You 크로스파이어 중독

People get over love. They can live without it, they can move on. Love can be lost and found again. But that won't happen for me. I won't survive you. I'm obsessed with you. Addicted to you. You're everything I've ever wanted or needed, everything I've ever dreamed of. You're everything. I don't need anything else. I get out of bed every morning and face the world because you're in it. Because of you, the world makes sense to me in a way it didn't before. I have a place now, with you.

사람들은 예전의 사랑을 잊고 살아가죠. 그 사랑이 없어도 살 수 있는 거예요. 새출발을 할 수 있다고요. 사랑은 잃었다가 다시 찾을 수도 있지요. 그러나 그런 일이 내게는 절대 있을 수 없어요. 나는 당신 없이는 살 수 없어요. 나는 당신에게 완전히 사로잡혀 있어요. 당신에게 중독됐어요. 당신은 내가 원했고 필요했던 모든 것이니까요. 당신은 내가 꿈꾸었던 모든 것이니까요. 당신은 내 전부예요. 나는 다른 건 아무것도 필요하지 않아요. 내가 매일 아침 일어나 세상을 마주할 수 있는 이유는 바로 그 세상 안에 당신이 존재하기 때문이에요. 당신 때문에 세상이 이전과 달리 의미 있게 다가옵니다. 나에게는 지금 하나의 공간이 생겼어요. 당신과 함께하는 공간.

***

나의 빈자리를 채우는 사랑, 그 사랑 외에 필요한 것은 없다. 이 사랑이 내가 살아가는, 살 수 있는 이유이다. 이 사랑은 세속의 고통 속에서 마음의 안식처가 된다. I won't survive you. I'm obsessed with you. Addicted to you. 운명적 사랑을 매우 감성적으로 전하고 있다.

get over (아픔, 고통, 사람)을 완전히 잊다. 극복하다 | move on 계속 살아가다. 새출발을 하다 | be obsessed with ~에 사로잡혀 있다 | addicted to ~에 중독된 상태인 | face the world 세상을 마주하다 | make sense 의미 있다. 타당하다

I won't survive you. I'm obsessed with you. addicted to you

실비아 데이Sylvia Day는 크로스파이어Crossfire 시리즈로 세계적인 인지도를 얻은 미국 작가이다. 그의 시리즈에는 《Bared to You크로스파이어 유혹》, 《Reflected in You크로스파이어 중독》, 《Entwined with You크로스파이어 집착》, 《Captivated by You국내 미출간》 등이 있다.

《Reflected in You》는 에바 트라멜과 기디언 크로스의 강렬하고 격정적이면서도 혼란스러운 관계를 다룬 로맨스 소설이다. 에바와 기디언은 과거의 상처로 인한 감정의 짐을 짊어지고 있다. 기디언은 과거의 트라우마로 인한 통제와 신뢰 문제로 힘들어하며, 에바는 학대를 당한 경험이 있다. 두 사람은 서로에게 강하게 이끌리지만 각자의 과거가 갈등과 오해를 불러온다.

Reflected in You, Sylvia Day, Berkley, 2012
《크로스파이어 중독》, 실비아 데이, 19.0, 2013년

르네 로젠 *Fifth Avenue Glamour Girl* 5번가의 야망

Maybe you're a shampoo girl today, but if you change your attitude, you might be able to make something of yourself. Don't forget that we become the people we think we are. It's true. You have to first picture what you want to happen in your mind. If you want to be successful, you have to imagine you already are successful. Get it? You can do anything you set your mind to. Anything at all.

지금은 샴푸 도우미일지 몰라도, 네가 마음가짐만 바꾸면 어쩌면 너도 인생에서 뭔가 이룰 수 있을 거야. 우리가 스스로 생각하는 대로 된다는 걸 잊지 마. 정말이야. 이런 일이 일어났으면 좋겠다 싶은 게 있으면 먼저 마음속에 그려봐. 성공하고 싶으면, 이미 성공한 모습을 상상하라는 거야. 무슨 말인지 알겠어? 마음을 정하고 거기에 전념하면 뭐든 할 수 있어. 정말 뭐든지.

* * *

우리는 우리가 생각하는 대로 된다 we become the people we think we are. 이 말은 고대 그리스 철학자 플라톤이나 현대에 이르러 실존주의 철학자인 사르트르의 사상과 맞닿아 있다. 사르트르의 주장은 인간은 자신의 선택과 행동을 통해 본질을 창조한다는 것이다. 이런 철학이 자연스럽게 묻어나는 대화이다.

take pride in ~에 자부심을 갖다 | what you do 당신이 지금 하는 일 | attitude 마음자세, 태도 | make something of oneself 성공하다 | picture ~를 그리다, 상상하다 | get it 이해하다 | set one's mind to ~에 마음을 정하고 전념하다

we become the people we think we are

르네 로젠Renée Rosen은 주로 역사 소설을 쓰는 미국 작가로, 다양한 역사적 시기를 배경으로 한 여성들의 사회적 상황을 다룬다. 2023년에 발표된 《Fifth Avenue Glamour Girl국내 미출간》은 1930년대 화려한 뉴욕을 배경으로 역사적 사건과 허구적 요소를 뒤섞어, 미용산업의 전설적인 아이콘인 에스티 로더의 성공을 그리고 있다.
화자는 글로리아 다우닝이라는 가상의 인물로, 에스티 로더를 만나 그녀의 야심 찬 계획에 휘말린다. 에스티 로더는 열정적이고 결단력 있으며 독창적인 비전이 있는 인물이다. 맨해튼의 상류 사회와 치열한 비즈니스 세계를 헤쳐 나가면서 그들의 우정은 시험대에 오른다.

Fifth Avenue Glamour Girl, Renée Rosen, Berkley, 2023

마이클 크라이튼 Prey먹이

Most people watching a flock of birds or a school of fish assumed there was a leader, and that all the other animals followed the leader. That was because human beings, like most social mammals, had group leaders. But birds and fish had no leaders. Their groups weren't organized that way. Careful study of flocking behavior—frame-by-frame video analysis—showed that, in fact, there was no leader. Birds and fish responded to a few simple stimuli among themselves, and the result was coordinated behavior. But nobody was controlling it. Nobody was leading it. Nobody was directing it.

사람들은 새 떼나 물고기 떼를 지켜보면서, 그중에 리더가 있어서 나머지는 그 리더를 따르고 있다고 생각했다. 그렇게 생각하는 이유는 대부분의 사회적 포유류처럼 인간에게도 그룹의 리더가 있기 때문이었다. 그러나 새나 물고기에게 리더는 없었다. 그들의 무리는 그런 방식으로 조직되어 있지 않았다. 프레임 단위의 연상 분석을 통해서 집단행동을 자세히 연구해 본 결과, 실제로 리더가 존재하지 않는다는 사실을 알게 되었다. 새 떼와 물고기 떼는 몇 가지 단순한 자극에 서로 반응했을 뿐인데, 그 결과는 잘 조율된 움직임이었다. 하지만 아무도 그 움직임을 통제하지 않았고, 아무도 이끌지 않았으며, 아무도 방향을 지시하지 않았다.

* * *

새 떼와 물고기 떼의 비유로 알 수 있듯이, 한 무리 안에 우두머리가 없어도 구성원들 서로의 작은 반응들이 responded to a few simple stimuli 조화를 이루어 질서를 만들어 낼 수 있다. 질서는 누군가의 통제를 통해서만 가능한 것은 아니라는 것이 상징과 은유로 설명되고 있다.

a flock of birds 새 떼 | a school of fish 물고기 떼 | assume ~를 추정하다 | mammal 포유동물 | be organized 조직되다 | respond to ~에 반응을 보이다 | stimuli 자극(stimulus의 복수형) | coordinated behavior 조직화된 행동, 공동행동 | direct ~를 지휘하다

responded to a few simple stimuli

마이클 크라이튼Michael Crichton은 과학소설, 스릴러, 의학 소설 등으로 잘 알려진 미국 작가이다. 대표작으로는 《Jurassic Park쥬라기 공원》가 있으며, 《Prey먹이》는 2002년에 발표된 작품으로, 첨단기술, 특히 인공지능과 나노기술, 생명공학 등의 위험성을 탐구하는 테크노 스릴러 소설이다.
전직 프로그래머로 분산형 인공지능 프로그램을 개발하던 전문가 잭 포먼은 한 하이테크 회사에서 의료 목적으로 개발한 나노봇nanobot: 자가 복제가 가능한 미세한 로봇이 네바다 사막에서 자율적인 행동을 통해 포식자처럼 행동하며 진화하고 있다는 사실을 알게 된다.

Prey, Michael Crichton, Harper, 2009
《먹이》, 마이클 크라이튼, 김영사, 2004년

큐레이션, 번역, 해설 오석태

오석태 선생은 한국외국어대학교에서 한국어 교육과 영어를 전공했습니다. 영어의 핵심을 찌르는 속 시원한 강의로 많은 이들의 갈증을 풀어 줬으며, 2007년부터 영어 콘텐츠 개발 전문 저자로 활동하고 있습니다. 현재는 곰국 컨텐츠의 대표로 성인 영어 학습지를 개발·운영하고 있습니다. 저서로는 《중급 영어로 가는 결정적 단어들》, 《수 태 시제 개념을 잡습니다》, 《혼동의 조동사를 설명합니다》, 《영어 회화의 결정적 표현들》, 《위대한 매일 영어 회화 어휘 쌩》, 《위대한 매일 영어 쫌》 등 100여 권이 있습니다.

영어 필사, 지극히 영어적인 문학의 문장들

큐레이션과 번역, 해설 오석태
초판 1쇄 인쇄 2025년 7월 21일
초판 1쇄 발행 2025년 8월 1일

발행인 박효상 **편집장** 김현 **기획·편집** 장경희, 오혜순, 이한경, 박지행 **디자인** 임정현
마케팅 이태호, 이전희 **관리** 김태옥

기획·편집 진행 오혜순 **교정·교열** 박진재
표지 디자인 원상희 **내지 디자인** 신세진

종이 월드페이퍼 **인쇄·제본** 예림인쇄·바인딩

출판등록 제10-1835호 **발행처** 사람in **주소** 04034 서울시 마포구 양화로 11길 14-10 (서교동) 3F
전화 02) 338-3555(代) **팩스** 02) 338-3545 **E-mail** saramin@netsgo.com
Website www.saramin.com

책값은 뒤표지에 있습니다.
파본은 바꾸어 드립니다.

ⓒ 오석태 2025

ISBN 979-11-7101-176-6 13740

우아한 지적만보, 기민한 실사구시 사람in